LE NOUVEAU DELF A1

DIPLÔME D'ÉTUDES EN LANGUE FRANÇAISE

정일영 지음

신아사

‖ 머리말 ‖

최근 프랑스정부에서 주관하는 프랑스어 능력인증 시험인 DELF(Diplôme d'Études en Langue Française)가 새로운 체제로 구성되었다. 프랑스로 유학을 가고자 하는 학생 혹은 프랑스어를 배우고 있는 사람이 자신의 프랑스어 실력이 어느 정도 되는지를 파악하려는 의도에서 바뀐 DELF 시험을 준비할 때 미력하나마 도움을 주고자 썼던 DELF의 가장 기초 단계인 A1 교재가 어느덧 개정판을 준비하게 되었다. 세계적인 경제적 흐름의 변화에 민감한 제2 외국어의 특성을 감안할 때 프랑스어에 대해 관심을 표명해주는 사람이 많다는 사실에 프랑스어를 공부하고 있는 사람으로서 고맙고 또 감사하다는 생각이 들었다. 아울러, 교재를 준비하는 사람으로서 다시 한 번 책임감을 느끼게 하는 계기가 되었다.

「Nouveau DELF A1」이라는 제목으로 썼던 교재와 비교하여 미비했다고 생각되는 부분의 내용을 보강하는 데 역점을 둔 개정판의 특성은 다음과 같다 :

- 독해의 경우, 초대와 관련된 편지와 이를 수락하는 내용의 답장을 첨가하여 기존에 초대에 관련한 거절의 답변 편지만을 언급했던 것을 보완하였다. 또한 구인광고와 실제 프랑스 지역 신문에서 쉽게 볼 수 있는 교제에 관련된 내용을 첨가하였다. 특히, 자신의 의견을 피력하는 두 번째 유형에서는 두 개의 각기 다른 주제를 선택하여 이와 관련된 젊은이들의 의견을 담은 내용을 보충하였다.

- 프로그램과 관련된 네 번째 유형의 경우 기존의 책에서 영화 프로그램에 관련된 하나의 예시문에서 TV 프로그램과 영화 프로그램에 관련된 내용을 보완하였다.

반면 듣기 평가의 경우 그다지 보완의 필요성을 느끼지 못하였는데 그 이유는 학생들이 무엇보다도 듣기에 대한 부분이 취약하다는 판단 아래 거의 80페이지에 해당하는 분량을 할여하여 4개의 유형으로 나누고 각 유형마다 실제 시험과 유사한 내용의 3-5개의 예문을 제시하였으므로 충분한 연습이 될 것으로 생각했기 때문이다. 쓰기평가와 구술 평가 역시 기존의 교재에서 다양한 방식으로 구성되어 A1을 준비하는 학생들에게 부족함이 없다는 판단과 너무 많은 분량의 내용을 포함하는 것 역시 부담을 줄 수 있다는 생각에서 기존의 내용을 유지하였다.

책을 쓸 때마다 늘 드는 생각이지만 교재를 준비할 때는 나름대로 열심히 썼다고 하면서도 막상 출판된 교재를 손에 들면 아쉬움이 남는 것은 아마도 아직 미숙한 점이 많기 때문일 것이다. 그럼에도 불구하고 프랑스어에 관심을 갖는 많은 사람들과 함께 공부하는 입장에서 보다 유익한 책들을 쓸 것을 다짐해 본다.

2006년 6월

저 자

목 차

DELF와 DALF 개요

학습과정 시스템과 시험 평가 시스템을 중심으로 구성되어 있는 DELF와 DALF는 응시자의 필요에 따라 그리고 능력에 따라 세분화되어 있는데, 2005년 전반부까지 수준에 맞는 단계를 점차적으로 통과함으로써 평가된 영역들을 누적하여 자격증을 취득할 수 있도록 구성되어 있다.

DELF의 1단계는 프랑스어 능력인증시험 중에 가장 낮은 수준으로서 4개로 이루어져 있고, DELF 2단계는 2개로 구성되어 있다. 또한, 고급 프랑스어 능력 시험인 DALF의 경우 4개의 영역으로 세분화되어 있다. 이들 시험은 자신의 의견이나 감정의 표현이 어느 정도인지를 평가하고 있으며, 각 영역마다 시간과 공간에 따른 설정된 상황 속에서 얼마나 대처할 수 있는지를 묻는 상황별 프랑스어 능력테스트 등으로 이루어져 있다.

DELF 2단계는 DELF 1단계의 4개 영역에 모두 합격하여야 응시할 수 있으며, DALF는 DELF 1,2 단계를 통과하였거나, 시험 한 달 정도 전에 실시되는 DALF 예비시험(examen de contrôle d'accès au DALF)을 통과해야만 응시자격이 주어진다. 따라서 DELF와 DALF 시험에 응시자들은 각 영역들의 합격증과 자격증을 자신의 학습능력 수준에 맞게 단계적으로 취득할 수 있으며, 필기시험과 구술시험을 통해 프랑스어에 대한 자신의 능력평가뿐 아니라 수준 향상을 이룰 수 있다.

2005년 전반부까지 실시되었던 DELF와 DALF의 전체적 구성은 아래와 같이 이루어져 있다.

<table>
<tr><td rowspan="6">DELF</td><td rowspan="4">DELF 1단계</td><td>A1</td></tr>
<tr><td>A2</td></tr>
<tr><td>A3</td></tr>
<tr><td>A4</td></tr>
<tr><td rowspan="2">DELF 2단계</td><td>A5</td></tr>
<tr><td>A6</td></tr>
<tr><td rowspan="4">DALF</td><td rowspan="4"></td><td>B1</td></tr>
<tr><td>B2</td></tr>
<tr><td>B3</td></tr>
<tr><td>B4</td></tr>
</table>

1996년부터 2005년 전반기까지 실시되었던 DELF와 DALF의 경우, 해마다 약간의 차이는 있지만 각 단계별 주제 내용 면에서는 거의 동일하다고 볼 수 있다. 그러나 2005년 후반기부터의 DELF와 DALF 시험은 이전의 방식과는 체계 면에서 많은 변화를 보인다. 하지만, 그렇다 하더라도 단계별의 핵심 내용들은 크게 다르지 않을 것이라는 예상이다.

1996년부터 2005년 전반기까지의 DELF와 DALF의 단계별 유형분석

1. DELF의 단계별 유형분석

1) A1 : 일상적 표현에 관한 문제

문제방식	문제유형	소요시간
구술시험 : 2	일상생활에서 흔히 일어나는 내용을 중심으로 벌어지는 상황을 녹음 형태로 하여 그 내용을 듣고 물음에 답하기.	약 20분
	일상적인 내용과 관련된 주제를 가지고 면접관과 대화를 하거나 역할을 정해 게임 형태로 진행함으로써 응시자의 구술능력을 테스트 함. (준비시간은 약 30분)	10분
필기시험 : 1	제안이나 초대 형식으로 친한 사람에게 보내는 편지를 직접 작성하게 함으로써 편지의 형식이나 내용에 관한 숙지능력을 평가함.	45분

2) A2 : 자신의 견해와 감정 표현에 관한 문제

문제방식	문제유형	소요시간
구술시험 : 1	면접관에게 간단한 주제에 대한 자신의 견해를 정리하여 표현하고 자신의 견해에 대한 문제점을 예로 들며 반대의견을 표명하는 면접관의 견해에 대해 자신의 의견을 정당화하는 방식으로 대화를 진행하기	약 10분
필기시험 : 2	텍스트가 주어지고 그 글에서 표현 또는 주장하고자 하는 의견이나 의도 또는 견해를 파악하는 문제로서 응시자가 얼마나 글의 요지 또는 핵심을 정확히 알고 있는지를 묻는 문제	30분
	위에 있는 텍스트에서 문제점을 제시했을 때 그에 대한 자신의 주관적인 의견을 얼마나 논리적으로 전개하는가를 알아보는 문제	45분

3) A3 : 표현력과 이해력에 관한 문제

문제방식	문제유형	소요시간
구술시험 : 1	간단한 자료들에 대한 내용을 분석하는 문제	약 15분
필기시험 : 2	주어진 텍스트의 내용 및 주제를 파악하는 문제	45분
	일상생활에서 흔히 접할 수 있는 내용을 중심으로 편지작성에 관한 문제 (정보, 항의, 구직 등)	45분

4) A4 : 언어의 다양한 기능 및 활용에 관한 문제

<table>
<tr><th>문제방식</th><th colspan="2">문제유형</th><th>소요시간</th></tr>
<tr><td rowspan="4">구술시험: 1</td><td colspan="2">녹음된 테이프의 내용을 청취한 뒤 주어진 질문에 답하기</td><td rowspan="4">약 30분</td></tr>
<tr><td colspan="2">1) 발음, 억양, 말하는 태도 등과 관련된 의미 파악</td></tr>
<tr><td colspan="2">2) 세 가지 짧은 대화의 상황에 대한 이해
(대화상대, 문맥, 태도 등)</td></tr>
<tr><td colspan="2">3) 정보 전달의 성격을 지닌 녹음 내용에 대한 이해</td></tr>
<tr><td rowspan="7">필기시험 : 2</td><td colspan="2">언어 기능의 활용 (이해력과 표현력)</td><td rowspan="7">45분</td></tr>
<tr><td colspan="2">1) 간략한 상황에 대해 주어진 정보의 이해 및 전달</td></tr>
<tr><td colspan="2">2) 주어진 상황을 읽고 그 내용에 적합한 텍스트 구성</td></tr>
<tr><td colspan="2">3) 다양한 대화 상황에 부합되는 세가지 간단한 메시지 작성</td></tr>
<tr><td rowspan="3">4)</td><td>① 짧은 문서의 재구성 혹은 완성</td></tr>
<tr><td>② 하나의 텍스트 또는 주어진 여러 내용의 재구성</td></tr>
<tr><td>③ 그림이나 상황에 맞는 이야기 내지 설명문 작성</td></tr>
</table>

5) A5 : 프랑스와 프랑스어권의 문화에 관한 문제

<table>
<tr><th>문제방식</th><th>문제유형</th><th>소요시간</th></tr>
<tr><td rowspan="2">필기시험: 2</td><td>500에서 700단어로 구성된 텍스트 또는 질문지가 주어지고 이를 분석하는 문제</td><td rowspan="2">1시간 반</td></tr>
<tr><td>위에서 제시된 텍스트 안에서 제기되어지는 문제에 대한 응시자의 주관적인 견해를 논리적으로 전개하는 문제</td></tr>
</table>

6) A6 : 구체화된 표현들에 관한 문제

<table>
<tr><th>문제방식</th><th>문제유형</th><th>소요시간</th></tr>
<tr><td rowspan="2">구두시험 : 2</td><td>제시된 여러 문제들 중에 응시자가 선택한 특별한 주제에 관해 500에서 700단어로 구성된 텍스트에 관한 문제</td><td rowspan="2">30분</td></tr>
<tr><td>위의 텍스트를 중심으로 시험 담당관과의 질문 및 답변에 관한 문제</td></tr>
</table>

❖A5 와 A6에서 응시자가 선택할 수 있는 주제들은 다음과 같다❖

A5	A6
일, 작업, 직장 등에 관한 주제	인문과 사회분야에 관련된 주제
학업, 연구에 관한 문제	경제와 사법분야에 관련된 주제
일상 생활에 관한 문제	수학과 물리학분야에 관련된 주제
문학 또는 예술에 관련된 문제	생명과학분야에 관련된 주제

2. DALF의 단계별 유형 분석

1) B1 : 문어체적 표현과 이해력에 관한 문제

	문제유형	소요시간
필기시험 2	대략 700 단어로 구성된 텍스트를 읽고 200자 내외로 요약하는 문제	2시간 30분
	표현에 관한 문제로 위의 텍스트 또는 서류형식의 글과 관련된 5개의 질문에 대해 간략한 답변을 묻는 문제	

2) B2 : 듣기평가에 관련된 문제

	문제유형	소요시간
구술시험 1	3분 동안 녹음된 테이프 2를 듣고 여기에서 언급하는 내용과 관련한 내용을 묻고 답하는 이해력의 문제	30분

3) B3 : 작문 또는 기사에 관련된 표현과 이해력에 관한 문제

	문제유형	소요시간
필기시험 2	시험을 주관하는 곳에서 제시한 목록 안에서 응시자가 선택한 작문 또는 기사에서 다루는 전체적인 내용에 대해 700 단어 내외로 요약하는 문제	2시간 30분
	위에서 제시된 작문이나 기사 또는 이와 관련된 내용을 중심으로 한 5개의 질문에 대해 요약된 간략한 답변의 문제	

4) B4 : 전문성을 띈 주제에 관한 응시자의 의견 표명에 관한 문제

	문제유형	소요시간
구두시험 1	시험주체기관에서 심사 담당관과의 협의를 거친 제시 목록 안에서 응시자가 선택한 내용에 해당하는 주제에 대한 응시자의 주관적 입장과 의견을 표명하는 문제	30분

❖B3와 B4 단계에서 제시되어지는 주제들❖

인문과학과 사회과학에 관련된 주제들	수학과 물리학문에 관련된 주제들
경제분야와 사법분야에 관련된 주제들	생명과학에 관련된 문제들

2005년 후반기부터 실시되는 DELF와 DALF의 단계별 유형분석

1. DELF의 단계별 유형분석

1) A1

문제유형		소요시간
듣기 1	일상생활에서 흔히 발생하는 상황을 녹음한 세 개 내지 네 개의 아주 짧은 내용과 관련하여 이를 듣고 내용을 이해하는지를 묻는 문제	20분
독해 1	일상생활에 밀접하게 관련된 상황들을 적은 네 개 내지 다섯 개의 내용들과 관련하여 이를 이해하는 지를 묻는 문제	30분
쓰기 1	쪽지나 카드, 또는 형식을 갖춘 신청용지를 완성하는 문제	30분
	일상생활에 관련된 주제에 대해 간단한 문장 (우편엽서, 메시지, 삽화의 설명문)을 작성하는 문제	
말하기 1	시험담당관의 주도 하에 묻고 답하는 형식의 대화	5-7분
	정보의 교환	
	가상으로 상황을 정해놓고 하는 시뮬레이션 대화	

2) A2

문제유형		소요시간
듣기 1	일상생활에서 흔히 발생하는 상황을 녹음한 세 개 내지 네 개의 아주 짧은 내용과 관련하여 이를 듣고 내용을 이해하는지를 묻는 문제	25분
독해 1	일상생활에 밀접하게 관련된 상황들을 적은 세 개 내지 네 개의 내용들의 텍스트와 관련하여 이를 이해하는지를 묻는 문제	30분
쓰기 1	친구에게 쓰는 편지 또는 메시지와 같은 간략한 글을 작성하는 문제로서 다음 두 가지의 내용으로 구성됨	45분
	어떤 사건이나 개인적인 경험을 기술함	
	초대, 감사, 사과, 요구, 정보, 축하를 위한 글 작성	
말하기 1	시험담당관의 주도 하에 묻고 답하는 형식의 대화	6-8분
	시험 응시자 혼자 독백하기	
	대화 능력을 알아보기 위한 테스트	

3) B1

<table>
<tr><th colspan="2">문제유형</th><th>소요시간</th></tr>
<tr><td>듣기 1</td><td>녹음된 세 개의 자료들을 듣고 이를 근거로 듣고 내용을 이해하는지를 묻는 문제</td><td>25분</td></tr>
<tr><td rowspan="2">독해 1</td><td>주어진 자료와 관련하여 유용한 정보를 찾아낼 수 있는지의 문제를 제시함으로써 자료를 이해하고 있는가를 묻는 문제</td><td rowspan="2">35분</td></tr>
<tr><td>일반적인 관심에 관한 자료의 내용을 분석하는 문제</td></tr>
<tr><td>쓰기 1</td><td>일반적인 주제에 대한 주관적인 입장을 표명하는 문제
(수필, 편지, 기사 등)</td><td>45분</td></tr>
<tr><td rowspan="3">말하기 1</td><td>시험담당관의 주도 하에 묻고 답하는 형식의 대화</td><td rowspan="3">15분</td></tr>
<tr><td>대화 능력을 알아보기 위한 테스트</td></tr>
<tr><td>제시된 자료로부터 그 내용에 관한 응시자의 관점을 표명하는 문제</td></tr>
</table>

4) B2

<table>
<tr><th colspan="2">문제유형</th><th>소요시간</th></tr>
<tr><td>듣기 1</td><td>녹음된 두 개의 자료들을 듣고 이를 근거로 듣고 내용을 이해하는지를 묻는 문제
- 인터뷰, 정보에 관한 보고서
- 발표문, 회의기록, 연설원고, 문서, 라디오 또는 TV방송</td><td>약30분</td></tr>
<tr><td>독해 1</td><td>글로 쓰인 두 개의 문서의 내용을 이해하는 지에 대해 묻는 문제
- 프랑스 또는 프랑스어권 나라들과 관련된 정보가 실린 글
- 논지에 관계된 글</td><td>1시간</td></tr>
<tr><td>쓰기 1</td><td>토론, 공식편지, 비평 등의 글과 같이 개인적적인 입장에서 논지를 펼치는 문제</td><td>1시간</td></tr>
<tr><td>말하기 1</td><td>간략한 문서로부터 의견을 표명하거나 의견을 수호하는 방식</td><td>20분</td></tr>
</table>

2. DALF의 단계별 유형 분석

1) C1

문제유형		소요시간
듣기 1	녹음된 문서들을 듣고 그 내용을 이해하는지 묻는 문제 - 수업, 강연회 등과 같이 대략 8분 정도 시간이 소요되는 긴문서(두번듣기) - 정보, 여론조사, 광고성의 라오디에서 방송되는 간략하면서도 다양한 내용들	약40분
독해 1	문학적인 글 또는 신문의 논고와 같은 글을 보고 그 내용을 이해하는 지 묻는 문제	50분
쓰기 1	두 부분으로 나뉜다. - 대략 전체 1000단어 정도로 구성된 여러 개의 글에 대한 종합분석 - 글의 내용에서부터 논거를 세우는 습작	2시간30분
말하기 1	여러 개의 글로부터 발표문을 작성하고 그 내용에 관해 감독관과 함께 토의를 하는 문제로서 후보자는 문학, 인문과학, 과학 중 두 영역을 선택함	30분

2) C2

문제유형		소요시간
듣기와 말하기	- 녹음된 글의 내용을 이해하는지를 묻는 문제(두번듣기) - 글에서 제시된 문제점에 대해 개인적인 소견 말하기 - 감독관과의 토론 문학, 인문과학, 과학 중 후보자가 두 개를 선택함	약 30분
독해와 글쓰기	- 기사, 논고, 보고서, 연설문 등 대략 2000 단어로 구성된 글을 보고 체계적인 구정을 갖춘 글쓰기 문학, 인문과학, 과학 중 후보자가 두 개를 선택함	3시간30분

지금까지의 DELF와 DALF의 앞으로의 차이점

1. 1996년부터 2005년까지의 DELF와 DALF

1) 자격증
지금까지의 DELF와 DALF의 자격증은 모두 3개이다.
DELF : 총 2개 (A1-A4 : 1, A5-A6 : 1)
DALF : 총 1개 (B1-B4 : 1)

각 단계별로 합격했을 경우 합격증(attestation)을 받을 수 있지만, 자격증(diplôme)은 총 3가지다. DELF의 경우, A1-A4까지의 1단계를 모두 통과해야만 2단계인 A5-A6 시험에 응시할 자격이 주어진다. DALF의 경우는 앞에서 언급한 것처럼 DELF 1, 2단계를 모두 통과했거나 DALF 예비시험에 합격한 자에 한해 응시할 수 있다.
학생들이 많이 혼동하는 것이 DELF의 A1-A2를 먼저 붙고 그 후에 A3-A4와 같은 시험을 응시할 수 있다고 생각하는데, 그것은 잘못된 것이며 순서에 상관없이 단계별로 합격하게 되는 경우 상위 단계의 시험을 응시할 수 있다.
DALF의 경우는 B1-B4 단계까지 모두 합격해야 학위증을 취득할 수 있다.

2) 합격점수
먼저 배점의 경우를 살펴보자. 지금까지의 시험에서는 각 단계별로 20점 만점이었으며 이 중 10점이 넘으면 합격이었다.

3) 구성내용
현재까지의 각 단계의 구성은 세분화되어져 있다. 즉, 쓰기, 말하기, 듣기, 독해의 영역들이 각 단계별로 나눠어져 있는 것이 그 특징이다. 따라서 가장 기초적인 단계인 A1의 경우 듣기와 말하기 그리고 편지 작성 등의 내용으로 이루어져 있는 반면, A2의 경우 자기의 의견을 표명하는 구술 방식이나 텍스트를 주어지고 그 텍스트 안에서 말하고자 하는 내용의 파악과 더불어 문제점등을 분석하는 조금 더 난이도가 있는 문제로 구성되어져 있다. DELF 1단계의 가장 난이도가 있는 A4의 경우, 듣기평가 및 작문 등으로 이루어져 있는데, 듣기평가의 경우, 난이도가 비교적 낮은 A1-A3에는 없는 것이 그 특징이다.

2. 2005년 이후의 DELF와 DALF

1) 자격증
자격증의 수는 총 6개가 된다.
DELF : 총 4개 (A1 : 1, A2 : 1, B1 : 1, B2 : 1)
DALF : 총 2개 (C1 : 1, C2 : 1)

2) 합격점수
각 단계별로 만점이 100점인데, 이는 각 단계를 구성하고 있는 쓰기, 말하기, 듣기, 그리고 독해의 4분야가 각 25점의 배점을 가지며, 합격을 하기 위해서는 총점수가 50점 이상이 되어야 한다. 이 중 4분야에서 모두 최소 5점 이상의 점수를 받아야 합격을 한다.

3) 구성내용
각 단계별로 쓰기, 듣기, 말하기, 독해의 4가지 특성이 다 포함되어 있다. 이전까지는 내가 듣기에 취약하다면, 듣기 평가가 있는 단계는 미뤄두고, 자신 있는 분야의 단계를 응시 할 수 있었다. 반면 앞으로는 위 4가지 기본 특성들이 각 단계에 다 포함되어 있기 때문에 이런 방법을 사용해서는 학위증을 취득할 수 없게 된다.

실전예제 및 풀이

A1의 구성내용

문제의 특성	소요시간	점수
듣기평가 (Compréhension de l'oral) 일상생활에서 흔히 발생할 수 있는 상황에 초점을 맞춘 셋 또는 네 개의 아주 짧은 내용으로 구성된 녹음을 듣고 이를 이해하고 있는지에 대한 질문에 답하는 형식 녹음 내용은 최대 3분	대략 20분	25점
독해평가 (Compréhension des écrits) 일상생활에서 흔히 접할 수 있는 상황에 초점을 맞춘 넷 또는 다섯 개의 내용을 중심으로 한 글을 읽고 정확히 그 내용을 이해하고 있는 지를 묻는 질문에 대해 답하는 형식	30분	25점
쓰기평가 (Production écrite) 두 부분으로 나누어 평가한다 : – 짤막한 쪽지나 표 (fiche), 또는 신청용지 (formulaire)에 알맞은 내용으로 빈칸 채우기 – 일상생활에 관계되는 주제에 관해 간단한 문장을 이용하여 작문하기 (우편엽서 : carte postale, 메시지 : message, 간단한 그림에 대한 내용 : légende)	30분	25점
구술시험 (Production orale) 세부분으로 나누어 평가한다 : – 시험 감독관과의 질의응답 형식 – 정보의 교환 – 가상으로 상황을 정해놓고 진행하는 시뮬레이션 대화	5-7분 (10분의 준비시간)	25점

PREMIÈRE PARTIE

듣기평가(Compréhension orale)

일상생활에서 흔히 발생할 수 있는 상황에 초점을 맞춘 셋 또는 네 개의 아주 짧은 내용으로 구성된 녹음을 듣고 이를 이해하고 있는지에 대한 질문에 답하는 형식

CONTENT

듣기 평가의 문제지를 받았을 때 제일 먼저 시작되는 글의 내용을 파악하는 것이 중요한데, 이는 듣기 평가 전반적인 흐름에 대한 설명과 방법 및 내용을 설명하고 있기 때문이다. A1의 듣기 평가 문제에는 항상 다음의 지시사항이 먼저 나오므로 익혀두도록 하자.

■ Consignes

Vous allez entendre 4 enregistrements, correspondant à 4 documents différents. Pour chaque document, vous aurez ;

- 30 secondes pour lire les questions ;
- une première écoute, puis 30 secondes de pause pour commencer à répondre aux questions ;
- une deuxième écoute, puis 30 secondes de pause pour compléter vos réponses avant le document suivant.

Répondez aux questions en cochant (☒) la bonne réponse, ou en écrivant l'information demandée.

해석 및 풀이

청취 내용

Vous allez entendre 4 enregistrements correspondant à 4 documents différents.
(당신은 각기 다른 4개의 내용으로 구성된 4개의 녹음을 듣게 될 것입니다)
Pour chaque document, vous aurez ;
(각 내용에 대해 당신은 다음의 사항들을 갖게 된다)

- 30 secondes pour lire les questions ;
  (문제를 읽는데 30초)
- une première écoute, puis 30 secondes de pause pour commencer à répondre aux questions ;
  (첫 번째 듣기를 하고 문제에 답하는 30초)
- une deuxième écoute, puis 30 secondes de pause pour compléter vos réponses avant le document suivant.
  (두 번째 듣기를 하고 다음 내용이 나오기 전 답변을 완성하는 30초)

Répondez aux questions en cochant (☒) la bonne réponse, ou en écrivant l'information demandée.
(올바른 답에 ☒ 표를 하거나 요청하는 정보를 써서 질문에 답하시오)

1) vous

<table>
<tr><td>1인칭 단수</td><td>je</td><td>1인칭 복수</td><td>nous</td></tr>
<tr><td>2인칭 단수</td><td>tu</td><td>2인칭 복수</td><td rowspan="2">vous</td></tr>
<tr><td>3인칭 단수</td><td>il, elle</td><td>2인칭 단수 : 잘 모르는 사람, 존경의 대상</td></tr>
<tr><td></td><td>on</td><td>3인칭 복수</td><td>ils, elles</td></tr>
</table>

2) aller

je	vais	nous	allons
tu	vas	vous	allez
il, elle	va	ils, elles	vont
[~에 가다]	Je vais à l'école. [나는 학교에 간다]		
[안부]	Comment allez-vous? [어떻게 지내세요?]		
[근접미래 + 동사원형]	Je vais partir. [나는 곧 떠날꺼야]		

3) entendre

j'	entends	nous	entendons
tu	entends	vous	entendez
il, elle	entend	ils, elles	entendent
[들리다]	J'entends un bruit. [무슨 소리가 들린다]		

4) un enregistrement [명사 : 녹음]   enregistrer [동사 : 녹음하다]

5) correspondant à [~에 해당하는]

6) à [전치사]

a) 장소 : ~에

A : Tu vas où? [너 어디 가니?]

B : Je vais à l'école. [나 학교에 가]

b) 소속 : ~의 것

A : Cette maison est belle. C'est à qui?
[이 집은 아름다운데, 누구의 것이니?]

B : C'est à Paul. [그것은 뽈의 것이야]

c) 신체의 일부 : avoir mal + à + 정관사 + 신체를 나타내는 명사

A : Qu'est-ce que tu as? [너 무슨 일이야?]

B : J'ai mal à la tête. [머리가 아파]

7) document [문서, 기록, 자료]　　　différent [다른]

8) pour [전치사]

[~을 위해]	+ 명사	film pour adulte [성인을 위한 영화]
	+ 동사원형	Il faut manger pour vivre. [살기 위해 먹어야 한다]
[~를 향해]		le train pour Paris [파리 행 기차]
[~로 말하자면]		Pour moi, je suis d'accord. [나로서는 찬성이야]

9) chaque

[매, 각자의]	chaque jour [매일]	chaque année [매년]
	chaque nuit [매일 밤]	chaque dix minutes [매 10분마다]

10) avoir

	현재	단순미래		현재	단순미래
j'	ai	aurai	nous	avons	aurons
tu	as	auras	vous	avez	aurez
il, elle	a	aura	ils, elles	ont	auront

11) seconde [초]

초	분	시간	일(日)	달	해(年)
seconde	minute	heure	jour	mois	année

12) lire

je	lis	nous	lisons
tu	lis	vous	lisez
il, elle	lit	ils, elles	lisent
[읽다]	lire un journal [신문을 읽다]		

13) la question

[물음, 질문]	poser la question	[질문을 하다]
[문제]	Ce n'est pas la question.	[그게 문제가 아니다]

14) première [첫 번째의]

첫 번째의	두 번째의	세 번째의	네 번째의
premier(ère)	second(e) (deuxième)	troisième	quatrième

15) écoute / puis / pause

écoute [청취, 듣기]	puis [그리고 나서]	pause [휴식, 정지]

16) commencer à (-cer 로 끝나는 동사의 변화)

je		commence	nous	commençons
tu		commences	vous	commencez
il, elle		commence	ils, elles	commencent
à	+ 명사	Le cours commence à 9 h. [수업은 9시에 시작한다]		
	+ 동사원형	Il commence à travailler. [그는 일하기 시작한다]		

17) répondre (-re 로 끝나는 동사의 변화)

je	réponds	nous	répondons
tu	réponds	vous	répondez
il, elle	répond	ils, elles	répondent
[답변하다]	répondre à la question [질문에 답변하다]		

18) compléter / suivant / information

compléter [완성하다]	suivant [뒤에 오는]	information [정보]

19) 소유형용사

	남성단수	모음, 묵음 h 여성단수	여성단수	복수
je	mon		ma	mes
tu	ton		ta	tes
il, elle	son		sa	ses
nous	notre			nos
vous	votre			vos
ils, elles	leur			leurs

20) bonne

[좋은, 행복한]	bon élève [좋은 학생] un bon moment [행복한 때]
[맛좋은]	un bon gâteau [맛좋은 케익]

PREMIÈRE PARTIE : Exercice 1 유형

안내방송 및 소식 이해하기

A1 첫 번째 단계의 듣기 평가문제 유형 중 안내방송이나 메시지 등에 관련된 내용들은 대략 다음과 같이 유형을 나누어볼 수 있다

1. 기차역 또는 공항에서의 안내방송
2. 사건, 사고에 관한 소식
3. 운동경기에 관한 소식
4. 일기예보에 관계된 방송

1. 기차역 또는 공항에서의 안내방송

예제 1

■ Exercice 1

Comprendre des annonces

Vous allez à Nice en avion. Répondez aux questions. 2 points par réponse.

Exemple :

0. L'avion part de l'aérogare :

☒ *A*

☐ *B*

☐ *C*

1. À quelle heure part l'avion? :

☐ À 14 h 30

☐ À 15 h 30

☐ À 16 h 30

2. Quel est le numéro du vol? ______________________

해석 및 풀이

Comprendre des annonces (안내방송 이해하기)

1) comprendre

je	comprends	nous	comprenons
tu	comprends	vous	comprenez
il, elle	comprend	ils, elles	comprennent
[이해하다]	Vous comprenez ce que je dis? [내가 말한 것을 이해하겠어요?]		

2) 부정관사

남성단수	여성단수	남, 여 복수
un	une	des

a) 처음 나오는 명사 앞 : Il achète une voiture. [그는 자동차를 산다]
b) c'est +부정관사 + 명사 : C'est un livre. [그것은 책입니다]
c) il y a 구문 : Il y a un livre sur la table. [책상 위에 책이 있어요]

3) une annonce

[통지, 알림, 광고]	annonce publicitaire [선전광고]
	petites annonces [구인·구직 광고]

Vous allez à Nice en avion. Répondez aux questions. 2 points par réponse.
(당신은 비행기로 니스에 갑니다. 다음 질문에 답하시오. 문항 당 2점)

1) aller + 장소의 명사

[도시]	aller	à + 무관사 명사	Je vais à Paris.	[파리에 간다]
[국가]		au + 남성국가	Je vais au Japon.	[일본에 간다]
		en + 여성명사	Je vais en Corée.	[한국에 간다]

2) à, de +정관사의 형태

à	+ le	au	Je vais au cinéma.	[나는 극장에 간다]
	+ les	aux	Il téléphone aux enfants.	[그는 아이들에게 전화한다]
de	+ le	du	C'est la voiture du voisin.	[이웃 남자의 자동차이다]
	+ les	des	Ce sont les jouets des enfants.	[그것은 아이들의 장난감들이다]

청취내용

Le vol 286 d'Air France à destination de Nice va partir à 14 heures 30, aérogare A.
니스행 에어프랑스 286기가 14시 30분에 A 역에서 출발하겠습니다.

1) le vol

[비행, 비행기편]	Le vol Paris-Séoul est retardé. [파리-서울간 비행기가 연착이다]

2) de [~의]

[소유 : ~의]	C'est la voiture de Paul.	[그것은 뽈의 자동차다]
[출발 : ~부터]	Il vient de l'école.	[그는 학교에서부터 오는 길이다]
[방향 : ~에]	le train d'Italie	[이탈리아행 열차, 이탈리아발 열차]

3) la destination

[목적지]	train à destination de Paris [파리행 열차]

4) partir

je	pars	nous	partons
tu	pars	vous	partez
il, elle	part	ils, elles	partent
[떠나다]	Il va partir demain. [그는 내일 떠날 것이다]		

5) l'aérogare [공항역]

le train [기차]	l'avion [비행기]	le métro [지하철]	le bus [버스]
la gare	l'aéroport	la station	l'arrêt

6) 숫자

1	2	3	4	5	6	7
un (une)	deux	trois	quatre	cinq	six	sept
8	9	10	11	12	13	14
huit	neuf	dix	onze	douze	treize	quatorze
15	16	17	18	19	20	21
quinze	seize	dix-sept	dix-huit	dix-neuf	vingt	vingt et un
22	23		24			
vingt-deux	vingt-trois		vingt-quatre			

30	31	40	41
trente	trente et un	quarante	quarante et un
50	51	60	61
cinquante	cinquante et un	soixante	soixante et un
70	71	80	81
soixante-dix	soixante et onze	quatre-vingt	quatre vingt et un
90	91	100	101
quatre-vingt-dix	quatre-vingt-onze	cent	cent-un

32	42	52	62
trente-deux	quarante-deux	cinquante-deux	soixante-deux
72	82	92	
soixante-douze	quatre-vingt-deux	quatre-vingt-douze	

1,000	10,000	100,000	1,000,000
mille	dix mille	cent mille	un million

0. L'avion part de l'aérogare. [비행기는 ( )역으로부터 출발한다.]

   ☒ A
   ☐ B
   ☐ C

1. À quelle heure part l'avion? [몇 시에 비행기가 떠나는가?]

   ☒ À 14 h 30
   ☐ À 15 h 30
   ☐ À 16 h 30

2. Quel est le numéro de l'avion? [비행기의 번호는 몇 번인가?] → 286.

1) quel

남성단수	여성단수	남성복수	여성복수
quel	quelle	quels	quelles
Quelle heure est-il? [시간]		Quel temps fait-il? [날씨]	
Quel livre achetez-vous? [직접목적]		Quel est votre nom? [속사]	

예제 2

■ Exercice 1

Comprendre des annonces

Vous allez à Paris en train. Répondez aux questions. 2 points par réponse.

Exemple :

0. Quel est le numéro du train?

- ☐ *7644*
- ☒ *7544*
- ☐ *7454*

1. Le train part du quai :
   - ☐ numéro 7
   - ☐ numéro 17
   - ☐ numéro 6

2. À quelle heure part le train? ____________________

해석 및 풀이

청취내용

Le train TGV n°7544 à destination de Paris partira à 16 h 15, quai numéro 7. 파리행 고속기차 7544가 16시 15분 7번 플랫폼에서 떠납니다.

Vous allez à Paris en train. Répondez aux questions. 2 points par réponse.
(당신은 기차로 파리에 갑니다. 질문에 답하시오. 문항당 2점)

0. Quel est le numéro du train? [기차 호수는 몇 번인가?]
   - ☐ 7644
   - ☒ 7544
   - ☐ 7454

1. Le train part du quai : [기차는 ~홈에서 떠난다]
   - ☒ numéro 7
   - ☐ numéro 17
   - ☐ numéro 6

2. À quelle heure part le train? [기차는 몇 시에 떠나는가?] → 16 h 15.

예제 3

■ Exercice 1

Comprendre des annonces

Écoutez l'annonce suivante et répondez aux questions. 2 points par réponse.

Exemple :

0. Quel est le numéro du train?
   - *☐ 7644*
   - *☒ 7544*
   - *☐ 7454*

1. Combien de minutes retarde le train?
   - ☐ 10
   - ☐ 20
   - ☐ 30

2. Pourquoi le train part-il en retard?
   - ☐ à cause de l'accident
   - ☐ à cause du mauvais temps
   - ☐ à cause d'un incident technique

해석 및 풀이

청취내용

Mesdames et messieurs! Nous vous informons que le départ du train n°7544 à destination de Lyon sera retardé de 20 minutes à cause d'un incident technique.
신사 숙녀 여러분! 리옹행 4255 기차의 출발이 기술적인 문제로 인해 20분간 지연됨을 알려드립니다.

1. Combien de minutes retarde le train? [기차가 몇 분 지연되는가?]
   - ☐ 10
   - ☒ 20
   - ☐ 30

1) combien

[얼마나]	C'est combien? [이거 얼마죠?]
[+ de + 명사]	Combien d'enfants avez-vous? [자녀가 몇입니까?]

2) retarder

[늦다, 늦어지다]	Ma montre retarde de cinq minutes. [시계가 5분 늦다]

3) 정관사

남성단수	여성단수	모음, 묵음의 h 로 시작하는 단수명사	복수명사
le	la	l'	les
한정되는 명사 앞		C'est la maison du voisin. [이웃 남자의 집이다]	

	남성단수	여성단수
모음	le ami → l'ami [남자친구]	la adresse → l'adresse [주소]
묵음 h	le hôtel → l'hôtel [호텔]	la habitude → l'habitude [습관]

2. Pourquoi le train part-il en retard? [왜 기차가 늦게 떠나는가?]

☐ à cause de l'accident [사고 때문에]
☐ à cause du mauvais temps [나쁜 날씨 때문에]
☒ à cause d'un incident technique [기술적인 문제 때문에]

1) pourquoi

[왜]	Pourquoi dis-tu cela? [왜 그런 말을 하니?]
	Pourquoi faire? [뭐하려구?]
	Pourquoi pas. [안될 것도 없지]

2) 의문문

(의문사) + 동사 + 주어 ?	Où vas-tu? [너 어디 가니?]
(의문사) Est-ce que + 주어 + 동사 ?	Où est-ce que tu vas?
주어 + 동사 + (의문사) ?	Tu vas où?

▸ 주어가 명사(구)인 경우, 동사 뒤에 명사(구)의 성과 수에 일치하는 대명사를 쓴다.
Est-ce que ton frère part-il demain? [네 동생이 내일 떠나니?]

3) 약속시간과 관계된 표현들

être en avance	être à l'heure	être en retard
약속시간보다 일찍	정각에	약속시간보다 늦게

4) l'accident

[사고]	l'accident de voiture [자동차 사고] en cas d'accident [사고 발생 시에]

5) mauvais

[나쁜]	de mauvaise qualité [습관][불량품]
[서툰]	Il est mauvais en maths. [그는 수학 실력이 약하다]
[해로운]	Le café est mauvais pour la santé. [커피는 몸에 해롭다]

예제 4

■ Exercice 1

Comprendre des annonces

Écoutez cette annonce et répondez aux questions. 2 points par réponse.

Exemple :

0. À quel endroit pouvez-vous entendre ces annonces?

- ☐ *à la gare*
- ☐ *à la station de métro*
- ☒ *à l'aéroport*

1. Quel avion a-t-il été annulé?
   - ☐ le vol 287
   - ☐ le vol 487
   - ☐ le vol 387

2. Pourquoi l'avion a-t-il été annulé?
   - ☐ à cause d'un accident
   - ☐ à cause du mauvais temps
   - ☐ à cause du beau temps

해석 및 풀이

청취내용

Le vol 387 d'Air France à destination de Séoul a été annulé pour cause de mauvais temps.
서울행 에어프랑스 387기가 악천후로 인해 취소되었습니다.

1) 수동문

주 어 + 직접타동사 + 직접목적보어

과거분사 par

현재 : Paul vend une voiture. - Une voiture est vendue par Paul.

과거 : Paul a vendu une voiture. - Une voiture a été vendue par Paul.

2) annuler

[취소하다]	Je peux annuler une réservation? [예약을 취소해도 됩니까?]

0. À quel endroit pouvez-vous entendre ces annonces?
   [이 안내방송을 들을 수 있는 곳은 어느 장소입니까?]
   - ☐ à la gare **[기차역]**
   - ☐ à la station de métro **[지하철역]**
   - ☒ à l'aéroport **[공항]**

1. Quel avion a-t-il été annulé? **[어떤 비행기가 취소되었습니까?]**
   - ☐ le vol 287
   - ☐ le vol 487
   - ☒ le vol 387

2. Pourquoi l'avion a-t-il été annulé? **[왜 비행기가 최소되었습니까?]**
   - ☐ à cause d'un accident **[사고 때문에]**
   - ☒ à cause du mauvais temps **[악천후 때문에]**
   - ☐ à cause du beau temps **[좋은 날씨 때문에]**

2. 사건, 사고에 관한 소식

예 제

■ Exercice 1

Comprendre des annonces

Écoutez cette annonce et répondez aux questions. 2 points par réponse.

Exemple :
0. De quoi parle-t-on?
- ☐ *d'un match de football*
- ☒ *d'un accident*
- ☐ *d'une exposition*

1. Combien de blessés y a-t-il?
   - ☐ deux blessés graves
   - ☐ trois blessés graves
   - ☐ quatre blessés graves

2. À quelle heure cela s'est-il passé?
   - ☐ six heures et demie
   - ☐ six heures et quart
   - ☐ sept heures moins le quart

해석 및 풀이

청취내용

Ce matin, à 6 h 45, un accident grave s'est produit dans la rue Saint-Jacques. Il y a eu deux blessés graves.
오늘 아침, 6시 45분에 큰 사고가 Saint-Jacques 거리에서 발생했습니다. 두 명의 중상자가 발생했습니다.

1) ce : 지시형용사

남성단수	모음, 묵음의 h 남성단수	여성단수	남, 여성 복수
ce	cet	cette	ces

▸ 지시형용사 뒤에 때를 나타내는 요소가 오면 [오늘]의 뜻을 나타낸다

2) matin

아침	점심	저녁	밤
matin	après-midi	soir	nuit

3) grave

[무게있는, 엄숙한]	prendre un air grave [근엄한 표정을 짓다]
[심각한]	Ce n'est pas grave. [대수롭지 않아]

4) se produire

[일어나다]	De nouveaux changements se produisent. [새로운 변화가 일어난다]
[비인칭]	Il s'est produit un petit accident. [조그만 사고가 발생했다]

5) dans

장소 [~안에서]	Il est dans sa chambre. [그는 그의 방에 있다]
시간 [~이내에]	dans la semaine [주내로] dans les trois jours [3일안으로]
수사 [~후에]	dans trois jours [3일 후에]

6) Il y a : 비인칭 구문의 il

[시간]	Quelle heure est-il? [몇시입니까?]
[날씨]	Quel temps fait-il? [날씨가 어때요?]
[Il est + 형용사 + de + 동사원형]	Il est facile d'apprendre le français.
[Il y a]	Il y a un homme dans la rue.

7) blessé

[형용사]	[상처 입은]	blessé à la tête [머리에 상처를 입은]
[명사]	[부상자]	les blessés et les morts [부상자와 사상자]

0. De quoi parle-t-on? [무엇에 관한 것인가?]

- ☐ d'un match de football [축구경기]
- ☒ d'un accident [사고]
- ☐ d'une exposition [전시회]

1) 의문사 que가 quoi로 바뀌는 경우

a) 회화체의 문장 (평서문의 어순) 이 될 때

Que fais-tu? = Tu fais quoi? [너 뭐하니?]

b) 전치사와 결합할 때

De quoi parlez-vous? [무엇에 대해 말하고 있어요?]

2) il s'agit de : [~에 관한 일이다]

Il s'agit de votre avenir. [당신의 장래에 관한 일입니다]

3) le match

[시합]	match nul [무승부]

1. Combien de blessés y a-t-il? [몇 명의 부상자가 있습니까?]

- ☒ deux blessés graves
- ☐ trois blessés graves
- ☐ quatre blessés graves

2. À quelle heure cela s'est-il passé? [몇 시에 그것이 일어났는가?]

- ☐ six heures et demie [6시 반]
- ☐ six heures et quart [6시 15분]
- ☒ sept heures moins le quart [7시 15분 전, 6시 45분]

1) se passer

[사건이 발생하다]	Qu'est-ce qui se passe? [무슨 일이야?]

2) cela

[그 것, 그 일]	Donnez-moi cela. [그것을 내게 주세요]

3. 운동경기에 관한 소식

예 제

■ Exercice 1

Comprendre des annonces

Écoutez cette annonce et répondez aux questions. 2 points par réponse.

Exemple :

0. Le match de football s'est passé quand?

- ☐ *Ce matin*
- ☒ *hier soir*
- ☐ *demain soir*

1. Quel était le résultat?
   - ☐ l'équipe française a perdu le match.
   - ☐ l'équipe anglaise a perdu le match.
   - ☐ Il y a eu match nul.

2. Qui a marqué deux buts?
   - ☐ Zidane
   - ☐ Alain Delon
   - ☐ Léon

해석 및 풀이

청취내용

Hier soir, l'équipe nationale française de football a battu l'équipe anglaise par 2 à 0. Zidane a marqué deux buts.
어제 저녁에, 프랑스 축구 국가대표팀이 영국 팀을 2대 0으로 이겼습니다. 지단이 2골을 넣었습니다.

1) hier

그저께	어제	오늘	내일	모레
avant-hier	hier	aujourd'hui	demain	après-demain

2) une équipe

[작업의] 반, 조	équipe de secours	[구조반]
[스포츠의] 팀	équipe française football	[프랑스 축구팀]

3) national(e)

[나라의]	parc national	[국립공원]
[국민의]	équipe nationale de football	[국가대표 축구팀]

4) français

국가		남성	여성	언어
la Chine	[중국]	chinois	chinoise	le chinois
la Corée	[한국]	coréen	coréenne	le coréen
le Japon	[일본]	japonais	japonaise	le japonais
l'Italie	[이탈리아]	italien	italienne	l'italien

5) football

축구	농구	테니스	스키
le football	le basketball	le tennis	le ski

6) 복합과거

조동사	과거분사	1군동사	2군동사	3군동사
avoir	타동사의 과거분사	-é (aimé)	-i (fini)	-u (battu)
être	자동사의 과거분사	-é (arrivé)		

7) battre

[때리다]	battre à coups de points [주먹으로 갈기다]
[이기다]	battre son adversaire [적수를 이기다]

0. Le match de football s'est passé quand? [축구 경기가 언제 일어났는가?]

- ☐ Ce matin [오늘 아침]
- ☒ hier soir [어제 저녁]
- ☐ demain soir [내일 저녁]

1. Quel était le résultat? [결과는 어떻게 되었는가?]

- ☐ l'équipe française a perdu le match. [프랑스 팀이 경기를 졌다]
- ☒ l'équipe anglaise a perdu le match. [영국 팀이 경기를 졌다]
- ☐ Il y a eu match nul. [무승부였다]

1) être 동사의 현재와 반과거 형태

	현재	반과거		현재	반과거
je	suis	étais	nous	sommes	étions
tu	es	étais	vous	êtes	étiez
il, elle	est	était	ils, elles	sont	étaient

2) le résultat

[결과, 승부]	obtenir un bon résultat [좋은 성과를 얻다]

3) perdre

je	perds	nous	perdons
tu	perds	vous	perdez
il, elle	perd	ils, elles	perdent
[잃어버리다]	J'ai perdu mon portefeuille. [나는 지갑을 잃어버렸다]		
[지다]	perdre un match [시합을 지다]		

4) nul

[어떠한, 아무런]	Nul homme n'est parfait. [어떤 사람도 완전하지 않다]

2. Qui a marqué deux buts? [두골을 누가 넣었는가?]

- ☒ Zidane
- ☐ Alain Delon
- ☐ Léon

1) qui

[주어]	Qui est venu?	[누가 왔습니까?]
[속사]	Qui êtes-vous?	[당신은 누구십니까?]
[직접목적보어]	Qui cherchez-vous?	[누구를 찾으세요?]

2) marquer

[표시를 하다, 남기다]	marquer ses pas sur la neige	[눈에 자국을 남기다]
[득점하다]	marquer un but	[득점하다]

4. 일기예보에 관계된 방송

예 제

■ Exercice 1

Comprendre des annonces

Vous entendez ces annonces. Répondez aux questions. 2 points par réponses.

Exemple :

0. Quel jour sommes-nous?

- ☐ *le 21 juillet*
- ☒ *le 21 juin*
- ☐ *le 21 mai*

1. Quel temps fera-t-il dans le sud?
   - ☐ Il va faire beau
   - ☐ Il va pleuvoir
   - ☐ Il va neiger

2. Quel temps fera-t-il demain à Paris?
   - ☐ Il fera mauvais
   - ☐ Il fera beau
   - ☐ Il va pleuvoir

해석 및 풀이

청취내용

Voici la météo de la France pour aujourd'hui 21 juin. Il fera beau dans le sud mais il fera mauvais à Paris. La température sera de 16 degrés. Demain, par contre, il fera soleil.
오늘 6월 21일 프랑스 날씨 예보를 알려드립니다. 남부지방은 날씨가 좋겠지만 파리는 날씨가 나쁘겠습니다. 기온은 16도가 될 것입니다. 그러나 내일은 해가 나겠습니다.

1) 요일이나 날짜를 나타내는 표현

[날짜]	Quel jour est-ce aujourd'hui?	Nous sommes le 12 mai.
[요일]	Quel jour sommes-nous?	Nous sommes lundi.

2) 직접목적보어 인칭 대명사

① 형 태

<table>
<tr><td></td><td colspan="4">단 수</td><td>복 수</td></tr>
<tr><td>1인칭</td><td colspan="4">me</td><td>nous</td></tr>
<tr><td>2인칭</td><td colspan="4">te</td><td>vous</td></tr>
<tr><td>3인칭</td><td>남성</td><td>le</td><td>여성</td><td>la</td><td>les</td></tr>
</table>

▸ 모음 (voyelle) 이나 묵음의 h 앞에서, me, te, le 와 la 는 m', t', l' 가 된다.
Tu m'aimes? Mais oui, je t'aime. [너 나 좋아해?] [물론 너를 좋아해]

② 용 법

• 직접목적보어 인칭 대명사는 항상 동사 앞에 위치한다.
 Je regarde la télé. [나는 TV를 본다] → Je la regarde.
 Je déteste le football. [나는 축구를 아주 싫어한다] → Je le déteste.

• me, te, nous, vous는 사람을 나타내고, le, la, les는 사람 혹은 사물을 나타낸다:
 Je te présente Marie. [너에게 마리를 소개할께]

Tu connais Jean?	Oui. je le connais bien.
[너 장을 아니?]	[응, 나는 그를 잘 알아 : 사람]
Tu as trouvé un appartement?	Oui, je l'ai trouvé hier.
[너 아파트 구했니?]	[응, 그것을 어제 구했어 : 사물]

3) 간접목적보어 인칭 대명사

① 형 태

	단수	복수
1인칭	me	nous
2인칭	te	vous
3인칭	lui	leur

② 용 법

- 간접목적보어 인칭대명사는 항상 사람을 나타내며 거의 동사 앞에 위치한다

  Tu téléphones souvent à Paul? Oui. je lui téléphone tous les jours.
  [너 뽈에게 자주 전화하니?] [응, 그에게 매일 전화해]

- 간접목적보어 인칭대명사 3인칭의 경우 성의 구분이 없다 :

  Paul téléphone à ses filles. = Il leur parle.
  Paul téléphone à ses fils. = Il leur parle.

4) annoncer

j'	annonce	nous	annonçons
tu	annonces	vous	annoncez
il, elle	annonce	ils, elles	annoncent
[알리다]	Ces nuages noirs annoncent la pluie. [검은 구름을 보니 비가 올 모양이다]		

5) 날씨를 나타내는 표현들

Quel temps fait-il?	Il	fait	beau [날씨가 좋은]	mauvais [나쁜]
		y a	du soleil [해가 나는]	du vent [바람부는]
		동사	neige [눈이 오다]	pleut [비가 오다]

6) beau

남성단수	모음, 묵음의 h 남성단수	여성단수
beau garçon	bel arbre	belle fille

0. Quel jour sommes-nous? [오늘을 며칠입니까?]
   - ☐ le 21 juillet [7월 21일]
   - ☒ le 21 juin [6월 21일]
   - ☐ le 21 mai [5월 21일]

1월	2월	3월	4월	5월	6월
janvier	février	mars	avril	mai	juin
7월	8월	9월	10월	11월	12월
juillet	août	septembre	octobre	novembre	décembre

1. Quel temps fera-t-il dans le sud? [남부지방의 날씨는 어떻습니까?]
   - ☒ Il va faire beau [날씨가 좋습니다]
   - ☐ Il va pleuvoir [비가 옵니다]
   - ☐ Il va neiger [눈이 옵니다]

2. Quel temps fera-t-il demain à Paris? [내일 파리의 날씨는 어떻습니까?]
   - ☐ Il fera mauvais [날씨가 나쁠 것입니다]
   - ☒ Il fera beau [날씨가 좋을 것입니다]
   - ☐ Il va pleuvoir [비가 올 것입니다]

PREMIÈRE PARTIE : Exercice 2 유형

대화 속의 지시사항 및 안내 이해하기

A1 첫 번째 단계의 듣기평가 유형 중 메시지 또는 두 사람간의 대화를 듣고 내용을 정확히 이해하고 있는가를 묻는 문제로 다음과 같이 유형을 구분할 수 있다.

1. 메시지에 남겨진 내용
2. 예약과 관련된 대화
3. 친구와의 대화

1. 메시지에 남겨진 내용

예제 1

■ Exercice 2

Comprendre des annonces et instructions orales

Répondez aux questions.

Exemple :

0. Le message concerne :

- ☐ *la fête nationale*
- ☒ *un anniversaire*
- ☐ *un examen*

1. À qui Julien a-t-il laissé le message?
   - ☐ Jean
   - ☐ Paul
   - ☐ Marie

2. Où est l'endroit du rendez-vous?
   - ☐ le café
   - ☐ le restaurant
   - ☐ la gare

3. Julien propose .... pour venir à l'endroit du rendez-vous.
   - ☐ de prendre le bus
   - ☐ de prendre le métro
   - ☐ de prendre un taxi

4. Marie a invité ses amis ....
   - ☐ pour le dîner
   - ☐ pour le petit-déjeuner
   - ☐ pour le déjeuner

해석 및 풀이

청취내용

Allô Jean, c'est Julien. Aujourd'hui, c'est l'anniversaire de Marie et on est tous invités à dîner chez elle. Paul et moi, on va se voir au café <Sorbonne> à 16 h. On t'y attendra. Pour venir, prends le métro et descends à la station Panthéon. Le café se trouve au 70 rue de la Seine. 여보세요 장, 나 줄리앙이야. 오늘이 마리 생일이야. 마리가 집으로 우리 모두를 저녁 초대했어. 나와 뽈은 4시에 <소르본느> 카페에서 만날 거야. 거기서 너를 기다릴게. 거기 가려면 전철을 타고 빵떼옹역에서 내리면 되. 센느가 70번지야.

1) un anniversaire

[생일, 기념일]	l'anniversaire de mon mariage [결혼기념일]

2) inviter (une invitation : 초대장)

[초대하다]	inviter qn à 장소 : [~를 ~에 초대하다]

3) un ami

[친구]	un grand ami [절친한 친구] ami de cœur [친우]

4) 식사

아침식사	le petit-déjeuner	prendre le petit-déjeuner [아침식사 하다]
점심식사	le déjeuner	prendre le déjeuner, déjeuner
저녁식사	le dîner	prendre le dîner, dîner

5) chez + 강세인칭대명사 : [~집에]
Il rentre chez lui. (* il) [그는 집으로 귀가한다]

6) attendre [기다리다]
J'attends Marie. [나는 마리를 기다린다]
(s'attendre à qn : ~에게 기대를 걸다)

7) prendre

je	prends	nous	prenons
tu	prends	vous	prenez
il, elle	prend	ils, elles	prennent
[잡다]	prendre qn par la main [~와 악수하다]		
[먹다, 마시다]	Qu'est-ce que vous prenez? [무엇을 먹겠습니까?]		
[타다]	prendre un taxi [택시를 타다]		

8) descendre

je	descends	nous	descendons
tu	descends	vous	descendez
il, elle	descend	ils, elles	descendent
[내려가다]	descendre du train [기차에서 내리다]		

0. Le message concerne [메시지는 ~와 관련된 것이다]

- ☐ la fête nationale **[국경일]**
- ☒ un anniversaire **[생일]**
- ☐ un examen **[시험]**

1) concerner

[~와 관계되다]	Cela ne vous concerne pas. [그건 당신과 관계없다]

2) la fête

[축제]	la fête des mères [어머니날] faire fête [잔치를 베풀다]

3) l'examen

[시험]	examen écrit (oral) [필기 (구두) 시험]
	examen d'entrée (de sortie) [입학 (졸업) 시험]

1. À qui a laissé le message Julien? [줄리앙이 누구에게 메시지를 남겼는가?]
   - ☒ Jean
   - ☐ Paul
   - ☐ Marie

1) laisser

[~놔두다]	Laissez-moi tranquille! [나를 좀 놔두세요!]

2. Où est l'endroit du rendez-vous? [약속 장소는 어디인가?]
   - ☒ le café [카페]
   - ☐ le restaurant [식당]
   - ☐ la gare [역]

1) le rendez-vous

[약속]	avoir (un) rendez-vous avec qn [~와 만날 약속을 하다]
	donner (un) [fixer un] rendez-vous à qn [~와 만날 약속이 있다]

3. Julien propose .... pour venir à l'endroit du rendez-vous.
   [줄리앙은 약속 장소로 오기 위해 ~할 것을 제안한다]
   - ☐ de prendre le bus [버스를 타다]
   - ☒ de prendre le métro [전철을 타다]
   - ☐ de prendre un taxi [택시를 타다]

1) proposer

proposer qch à qn [~에게 ~을 제안하다]	proposer un travail à Jean

2) venir

je	viens	nous	venons
tu	viens	vous	venez
il, elle	vient	ils, elles	viennent
[오다]	Il vient de Paris. [그는 파리에서 온다]		

4. Marie a invité ses amis .... [마리는 그의 친구들을 ...에 초대했다]

☒ pour le dîner [저녁식사에]

☐ pour le petit-déjeuner [저녁식사에]

☐ pour le déjeuner [점심식사에]

예제 2

■ Exercice 2

Comprendre des annonces et instructions orales.

Répondez aux questions.

Exemple :

0. Le message concerne :

☐ *une invitation*

☒ *une demande*

☐ *un refus*

1. À qui Paul a-t-il laissé le message?

☐ À une fille

☐ À un garçon

☐ On ne sait pas

2. Paul va à Paris pour ......

☐ son anniversaire

☐ rencontrer quelqu'un pour son travail

☐ sa famille

3. Qui va rencontrer Paul?

☐ le responsable de la compagnie

☐ le concierge de la compagnie

☐ on ne sait pas

4. À quelle gare arrive Paul?
   - ☐ Montparnasse
   - ☐ Lyon
   - ☐ Saint-Lazarre

해석 및 풀이

청취내용

Allô Xavier, c'est Paul. Bon, tu n'es pas là mais j'espère que tu trouveras mon message rapidement. Voilà, je t'explique, on m'a proposé un travail à Paris et j'y vais demain matin pour rencontrer le patron de la compagnie. Si tu es libre, tu peux venir à la gare de <Lyon> avant 11 heures, s'il te plaît ? Si oui, rappelle-moi au numéro suivant : 01 24 32 12 50.
여보세요, 자비에, 나 뽈이야. 너 집에 없구나. 그렇지만 내 메시지를 빨리 듣기를 바란다. 무슨 일인고 하니, 나한테 파리에서 일자리를 제안해서 회사 사장을 만나러 내일 아침에 파리에 가. 너 시간 있으면 11시 전에 리용역으로 올 수 있니? 올 수 있으면, 01 24 32 12 50으로 전화해줘.

1) 전화통화에서 자주 사용되는 표현들

[~와 통화하고 싶은데요]	Je voudrais parler à Monsieur X, s'il vous plaît?
	Est-ce que Monsieur X est là, s'il vous plaît?
	Je suis bien chez Monsieur X?
[저는 ~입니다]	C'est X.
[전화하신 분은 누구죠?]	Qui est à l'appareil?
[잠깐만 기다리세요]	Ne quittez pas!
[그 사람을 바꿔줄께요]	Je vous le(la) passe.
[지금 자리에 없는데요]	Il n'est pas là. Il est sorti.
[메시지를 남기겠어요?]	Vous voulez laisser un message?

2) espérer

j'	espère	nous	espérons
tu	espères	vous	espérez
il, elle	espère	ils, elles	espèrent
[기대하다]	espérer une récompense.　　[보상을 기대하다]		

3) rapidememt

[빨리, 신속히]	Tout s'est passé rapidement. [만사가 눈 깜짝할 사이 일어났다]

▸ 파생형 부사

[형용사의 여성형 + ment]	여성형	부사형
	lent - lente	lentement

4) expliquer

[설명하다]	Expliquez-moi ce qui s'est passé. [무슨 일이 있었는지 설명하세요]

5) proposer (la proposition : 제안]

proposer qch à qn [~에게 ~을 권하다]	Je te propose d'aller voir ce film. [그 영화를 보러 갈 것을 네게 권해]

6) y

a) [부사]

① 장소 (à, dans, sur) + (대)명사 대신

Connaissez-vous la France?　　Oui, j'y suis allé.

[프랑스를 압니까?]　　[예, 그곳에 갔었어요]

② 숙어적 표현

Ça y est. [바로 그거야]　　Il y a [~가 있다]

b) [대명사]

① à + 사물명사, 중성대명사, 부정법을 대신

J'ai reçu sa lettre et j'y ai répondu (y = à sa lettre).

[나는 그의 편지를 받았고 편지에 답장을 했다]

Réveillez-moi à 6 heures ; surtout pensez-y!
[6시에 깨어주세요 : 제발 그것을 잊지 마세요]
Partez, j'y consens. [떠나세요, 그것을 허락할께요]
(=Je consens à ce que vous partiez)

7) si [조건법 : 만약 ~라면]

[si + 현재, 주어 + 단순미래]	S'il pleut, je resterai à la maison. [비가 오면, 집에 있을거야]

8) libre

[자유로운]	Je suis libre comme l'air. [나는 아주 자유로워]
[시간이 있는]	Tu es libre? (=Tu as le temps?) [너 시간 있니?]
[빈]	place libre [빈 자리]

9) pouvoir

je	peux	nous	pouvons
tu	peux	vous	pouvez
il, elle	peut	ils, elles	peuvent
+ 동사원형	Je peux sortir? [외출해도 되겠습니까?]		

10) venir

je	viens	nous	venons
tu	viens	vous	venez
il, elle	vient	ils, elles	viennent
[~에서 오다]	Il vient de Paris. [그는 파리에서 왔습니다]		
[venir + 동사원형]	Il vient me voir. [그는 나를 보러 왔다]		
[venir de + 동사원형]	Il vient de partir. [그는 막 떠났다]		

11) jusque

[장소,수]	aller jusqu'à Paris [파리까지 가다] compter jusqu'à 10 [10까지 세다]
[시간]	jusqu'à présent [지금까지] jusqu'à aujourd'hui [오늘까지]

12) rappeler

[전화를 다시 걸다]	Rappelez plus tard. [나중에 다시 전화하세요]
se rappeler [상기하다]	Je ne me rappelle plus son nom. [그 사람 이름이 기억이 나지 않아]

0. Le message concerne : [이 메시지는 ~와 관계 있다]

- ☐ **une invitation** **[초대]**
- ☒ **une demande** **[부탁]**
- ☐ **un refus** **[거절]**

1) une invitation (inviter)

[초대하다]	Je vous invite au dîner. [당신을 저녁식사에 초대할께요]

2) la demande (demander)

[~요구하다]	Je vous demande pardon. [죄송합니다]

3) le refus (refuser)

[거절하다]	Il a refusé ma proposition. [그는 나의 제안을 거절했다]

1. À qui Paul a-t-il laissé le message? [뽈이 누구에게 말을 남기는가?]

- ☐ **À une fille** **[여자에게]**
- ☒ **À un garçon** **[남자에게]**
- ☐ **On ne sait pas** **[알지 못한다]**

1) parler

[자동사]	[말하다]	Il parle trop. [그는 말이 너무 많다]
[간접타동사]	à [~에게 말하다]	Je peux parler à Jean?
	de [~에 대해 말하다]	On m'a beaucoup parlé de vous.

2) 남성과 여성의 형태가 다른 명사들

남성	여성	남성	여성
oncle [삼촌]	tante	neveu [조카]	nièce
roi [왕]	reine	père [아버지]	mère

3) savoir

je	sais	nous	savons
tu	sais	vous	savez
il, elle	sait	ils, elles	savent
[~을 알다]	Tu sais conduire? [너 운전할 줄 아니?]		

2. Paul va à Paris pour ...... [뽈은 ... 때문에 파리에 간다]
   - ☐ son anniversaire [그의 생일]
   - ☒ rencontrer quelqu'un pour son travail [그의 일 관계로 누군가를 만나려고]
   - ☐ sa famille [그의 가족]

3. Qui va rencontrer Paul? [뽈은 누구를 만날 것인가?]
   - ☒ le responsable de la compagnie [회사 책임자]
   - ☐ le concierge de la compagnie [회사 수위]
   - ☐ on ne sait pas [알지 못한다]

4. À quelle gare arrive Paul? [뽈은 어느 역에 도착하는가?]
   - ☐ Montparnasse
   - ☒ Lyon
   - ☐ Saint-Lazarre

2. 예약과 관련된 대화

예 제

■ Exercice 2

Comprendre des annonces et instructions orales

Répondez aux questions

Exemple :

0. Le dialogue concerne :

- ☒ *la réservation de chambre d'hôtel*
- ☐ *la réservation au restaurant*
- ☐ *la réservation pour un concert*

1. Les dates pour lesquelles Madame Durand veut réserver la chambre sont ......
   - ☐ le 20 et 21 avril
   - ☐ le 21 et 22 mai
   - ☐ le 20 et 21 juin

2. Madame Durand va rester à l'hôtel avec ......
   - ☐ ses enfants
   - ☐ sa mère
   - ☐ son mari

3. Le prix de la chambre d'hôtel est de ...... pour une nuit.
   - ☐ 40 euros
   - ☐ 50 euros
   - ☐ 60 euros

4. Madame Durand préfère la chambre ......
   - ☐ avec salle de bains
   - ☐ avec une douche
   - ☐ avec un lit pour deux personnes

해석 및 풀이

청취내용

- Hôtel Saint-Jacques, bonjour. 쌩-작끄 호텔입니다.
- Allô? Bonjour, monsieur. Je voudrais réserver une chambre pour deux nuits, les 21 et 22 mai prochains. Est-ce que c'est possible?
  여보세요? 안녕하세요. 5월 21과 22일 이틀 밤 방을 예약하고 싶은데요, 가능합니까?
- Ce serait pour combien de personnes? 몇 분이신데요?
- Deux personnes : mon mari et moi. 제 남편과 저 두 사람입니다.
- Attendez, je vérifie ... oui, c'est possible. Vous voulez quelle sorte de chambre? Une chambre avec salle de bains ou avec une douche?
  기다리세요, 확인해보겠습니다. 예, 가능합니다. 어떤 방을 원하시죠? 욕조가 딸린 방이요 아니면 샤워기가 딸린 방이요?
- Je préfère une chambre avec salle de bains. C'est combien pour une nuit?
  욕조가 딸린 방이요. 하룻밤에 얼마죠?
- 50 euros la nuit, madame. 50유로입니다
- Très bien. 좋습니다.
- C'est à quel nom? 예약하시는 분 성함이 어떻게 되시죠?
- Madame Durand. D.U.R.A.N.D. 뒤랑입니다.
- C'est noté. Nous vous attendons le 21 mai. 적었습니다. 5월 21일 뵙죠.
- C'est parfait, je vous remercie, au revoir monsieur. 좋습니다. 고마워요.
- À votre service, madame. Au revoir. 천만에요.

1) 방을 예약할 때 사용되는 표현들

[방을 예약하고 싶은데요]	Je voudrais (réserver) une chambre.
	Vous avez une chambre?
[몇 분(며칠)이시죠?]	Pour combien de personnes (nuits)?
[방이 있습니다]	Nous avons une chambre.
[방이 없습니다]]	Nous n'avons pas de chambre libre (disponible).

2) voudrais [조건법]

[겸손, 바램]	Je voudrais un kilo de pommes, s'il vous plaît! [사과 1킬로요]
	Je voudrais devenir médecin. [의사가 되고 싶어요]

3) réserver

[남겨두다]	J'ai réservé ce gâteau pour toi. [널 위해 이 케익을 남겨놨어]
[예약하다]	réserver sa place dans le train [기차 좌석을 예약하다]

4) prochain

[다음의]	descendre à la prochaine station [다음 역에서 내리다]
	l'année prochaine [다음 해] lundi prochain [다음 주 월요일]

5) possible

[가능한]	Ce n'est pas possible!	[설마, 말도 안돼!]
	le plus vite possible	[가능한 한 빨리]

6) 명령문

[2인칭 단수]	-er 의 1군 동사: -e	Mange cette pomme!	[이 사과를 먹어!]
	나머지 동사: -s	Prends le métro!	[지하철을 타!]
[2인칭 복수]	-ez	Vendez cette maison!	[이 집을 파세요!]

7) parfait

[완벽한]	Son travail est parfait. [그의 일은 완벽하다]
[간투사 용법 : 좋아]	C'est parfait! [좋아!]

8) 감사의 표현과 답변

Je vous remercie (beaucoup, bien)	Je vous en prie.
Merci (beaucoup, bien)	Ce n'est rien.
	De rien.
	Il n'y a pas de quoi.

0. Le dialogue concerne : [대화는 ~와 관계 있다]
   - ☒ la réservation de chambre d'hôtel [호텔 예약]
   - ☐ la réservation au restaurant [식당 예약]
   - ☐ la réservation pour un concert [연주회 예약]

1. Les dates pour lesquelles Madame Durand veut réserver la chambre sont ......
   [뒤랑부인이 방을 예약하고 싶은 날짜는 ...이다]
   - ☐ le 20 et 21 avril [4월 20과 21일]
   - ☒ le 21 et 22 mai [5월 21과 22일]
   - ☐ le 20 et 21 juin [6월 20과 21일]

2. Madame Durand va rester à l'hôtel avec ...... [뒤랑부인은 ...와 호텔에 머물것이다]
   - ☐ ses enfants [그녀의 아이들]
   - ☐ sa mère [그녀의 어머니]
   - ☒ son mari [그녀의 남편]

3. Le prix de la chambre d'hôtel est de ...... pour une nuit. [호텔 방 값은 ...이다]
   - ☐ 40 euros
   - ☒ 50 euros
   - ☐ 60 euros

4. Madame Durand préfère la chambre ...... [뒤랑부인은 ...한 방을 선호한다]
   - ☒ avec salle de bains [욕조가 딸린]
   - ☐ avec une douche [샤워기가 딸린]
   - ☐ avec un lit pour deux personnes [2인용 침대]

3. 친구와의 대화

예 제

■ Exercice 2

Comprendre des annonces et instructions orales

Répondez aux questions

Exemple :

0. Cette conversation a lieu :

- ☐ *dans un bureau*
- ☒ *dans la rue*
- ☐ *au téléphone*

1. L'oncle de Pierre lui a donné sa voiture :

- ☐ Vrai
- ☐ Faux
- ☐ On ne sait pas

2) Marie et Pierre, ils vont .....

- ☐ à la montagne
- ☐ à la mer
- ☐ à la campagne

3) L'oncle de Pierre va .....

- ☐ à Paris
- ☐ à Nice
- ☐ à Marseille

4) L'oncle de Pierre a demandé à Pierre de .....

- ☐ garder son enfant pendant le week-end
- ☐ d'aller chercher son enfant à l'école
- ☐ l'accompagner jusqu'à Paris

해석 및 풀이

청취내용

– Salut, Pierre! 안녕, 삐에르!
– Salut, Sophie! Ça fait longtemps qu'on ne s'est pas vu.
안녕, 소피! 우리 못 본지 오래 됐지.
– C'est vrai ! Mais, c'est quoi ça? Quelle belle voiture ! Elle est à toi?
정말이야! 근데 이게 뭐야? 정말 근사한 차인데! 네 것이니?
– Non, c'est la voiture de mon oncle. Il me l'a prêtée pour ce week-end.
아니, 삼촌 차야. 이번 주말 내게 빌려주셨어.
– Ce week-end ? Tu pars quelque part? 이번 주말? 너 어디로 떠나니?
– Oui, Marie et moi, on va aller à la mer pour passer le week-end.
응, 마리하고 나하고 주말을 보내기 위해 바다로 가.
– C'est super ! Il est très sympa, ton oncle! 좋겠다! 네 삼촌 아주 좋은데.
– Pas vraiment! 꼭 그렇지만은 않아!
– Comment ça? 그게 무슨 소리야?
– Mon oncle a été invité par son ami et il va aller à Paris. Il m'a demandé de garder son enfant pendant ce weekend. Alors, Marie et moi, on doit passer le week-end avec mon neveu.
삼촌이 친구에게 초대를 받아서 파리에 갈거야. 이번 주말 동안 아이를 돌볼 것을 내게 부탁했지. 그래서 마리하고 나는 내 조카와 주말을 함께 보내야 돼.
– Oh, mes pauvres! 아, 이런 불쌍한 친구들!

1) faire

je	fais	nous	faisons
tu	fais	vous	faites
il, elle	fait	ils, elles	font
[~하다]	Qu'est-ce que tu fais ici? [여기서 뭐하고 있니?]		

2) longtemps [오래]

[부사]	longtemps après [오래 후에]
[명사]	depuis longtemps [오래 전부터]

3) vrai

[참된]	une bonté vraie [참된 친절]
[진짜의]	un vrai copain [진짜 친구]

4) 감탄문

Comme	절	Comme il est gentil! [그는 정말 친절하구나!]
Que		Qu'elle est belle! [그녀는 정말 아름답군!]
Quel(le)	구	Quelle jolie maison! [집이 정말 예쁘군!]

5) beau

[아름다운]	un beau paysage [아름다운 경치]
[날씨가 맑은]	Il fait beau [날씨가 좋다]
[유리한]	une belle occasion [좋은 기회]

▸ 남성 형이 두 개인 형용사들

남성단수	모음 또는 무음 h 의 남성단수	여성단수
beau	bel	belle
nouveau	nouvel	nouvelle

6) être à +강세인칭대명사 : [소유 : ~의 것이다]

▸ Cette maison est à moi. [이 집은 내 것이다]

7) prêter

[빌려주다]	prêter de l'argent à un ami [친구에게 돈을 빌려주다]

▸복합시제에서의 직접목적보어 인칭대명사와 과거분사의 일치

Il a vendu sa voiture. → Il l'a vendue.

Paul a rencontré ses amis. → Paul les a rencontrés.

8) partir

je	pars	nous	partons
tu	pars	vous	partez
il, elle	part	ils, elles	partent
[떠나다]	partir pour ... [~를 향해 출발하다]		

9) garder

[보관하다]	garder de la viande pour le dîner [저녁식사를 위해 고기를 보관하다]
[돌보다]	garder un malade [환자를 돌보다]

10) devoir

je	dois	nous	devons
tu	dois	vous	devez
il, elle	doit	ils, elles	doivent
[~해야 한다]	Je dois aller à l'école. [학교에 가야만 해]		

11) pauvre

명사 앞 : 가련한, 불쌍한	pauvre femme [가련한 여인]
명사 뒤 : 가난한	femme pauvre [가난한 여인]

0. Cette conversation a lieu : **[이 대화는 ~에서 일어나고 있다]**

☐ dans un bureau **[사무실에서]**
☒ dans la rue **[거리에서]**
☐ au téléphone **[전화상으로]**

1. L'oncle de Pierre lui a donné sa voiture : **[삐에르의 삼촌은 그에게 차를 주었다]**

☐ Vrai **[사실]**
☒ Faux **[거짓]**
☐ On ne sait pas **[알 수 없다]**

2. Marie et Pierre, elles vont ...... [마리와 삐에르는 ...에 간다]
   - ☐ à la montagne [산에]
   - ☒ à la mer [바다에]
   - ☐ à la campagne [야외에]

3. L'oncle de Pierre va ...... [삐에르의 삼촌은 ...에 간다]
   - ☒ à Paris
   - ☐ à Nice
   - ☐ à Marseille

4. L'oncle de Pierre a demandé à Pierre de ......
   [삐에르의 삼촌은 삐에르에게 ...을 부탁했다]
   - ☒ garder son enfant pendant ce week-end [주말 동안 아이를 돌보는 것]
   - ☐ d'aller chercher son enfant à l'école. [아이를 학교로 찾으러 가는 것]
   - ☐ l'accompagner jusqu'à Paris [파리까지 동반하는 것]

PREMIÈRE PARTIE : Exercice 3 유형

상황별 대화 이해하기

첫 번째 단계의 듣기 평가 유형 중 사진과 같은 영상이나 삽화 등을 제시하고 다양한 상황 또는 주제의 내용을 담은 대화체 문장과 일치시키는 문제로서 다음과 같이 유형을 구분할 수 있다.

1. 일상생활 대화와 상황에 맞는 이미지 연결
2. 삽화와 이에 관계되는 대화상황 연결

1. 일상생활 대화와 상황에 맞는 이미지 연결

예제 1

■ Exercice 3

Comprendre une conversation : comprendre des expressions quotidiennes

Associez chaque situation à une image.

Attention : il y a 5 images (A, B, C, D, E) mais seulement 4 dialogues.

Image A

Image B

Image E

Image C

Image D

해석 및 풀이

SITUATION 1

A : C'est une bonne idée de venir dans ce parc pour prendre le déjeuner. Il fait beau et on est tranquille.
이 공원에 점심을 먹으러 온 것은 좋은 생각이야. 날씨도 좋고 조용하잖아.
B : Tu as raison. Il n'y a pas beaucoup de monde ici.
맞아. 여기 사람이 많지가 않네.

1) bon

[즐거운, 행복한]	C'est si bon de + 동사원형 [~하는 것은 정말 즐겁다]	
[+ à : ~에 유용한]	Il n'est bon à rien. [그는 아무 짝에도 쓸데 없다]	
[많은]	un bon nombre [상당한 수의]	
-n → -nne	bon → bonne	ancien → ancienne [오래된]

2) une idée

[관념, 개념]	une idée fixe [고정관념]
[생각]	J'ai une idée pour les vacances. [휴가에 대한 생각이 있어]

3) un parc

[공원]	se promener dans le parc [공원을 산책하다]
[주차장]	garer sa voiture dans un parc [주차장에 차를 두다]

4) 비인칭 주어의 il

[날씨]	Quel temps fait-il? [날씨 어때?]	Il fait beau, mauvais, gris.
[시간]	Quelle heure est-il? [몇시니?]	Il est midi, minuit.
[Il y a]	Il y a un oiseau sur l'arbre. [나무 위에 새가 한 마리 있다]	
	Il est + 형용사 + de + 동사원형 [~하는 것은 ~하다]	

5) tranquille

[조용한]	Nous habitons dans un quartier tranquille. [우린 조용한 동네에 산다]
[안심한]	Soyez tranquille! [안심하세요!]

6) avoir + 동사구

avoir chaud [덥다]	avoir froid [춥다]	avoir soif [목마르다]
avoir faim [배고프다]	avoir sommeil [졸리다]	avoir raison [옳다]
avoir tort [틀리다]		

SITUATION 2

A : Il y a trop de monde. 사람들이 너무 많아.
B : Aujourd'hui, c'est samedi. Alors, qu'est-ce qu'on regarde?
Un film d'aventure ou un film d'horreur?
오늘 토요일이잖아. 자, 무엇을 볼까? 모험영화 아니면 공포영화?

1) trop

[너무]	Elle mange trop. [그녀는 너무 많이 먹는다]
[대단히]	Vous êtes trop aimable. [당신은 정말 친절하시군요]

2) 오늘

그저께	어제	오늘	내일	모레
avant-hier	hier	aujourd'hui	demain	après-demain

3) 요일

월요일	화요일	수요일	목요일	금요일	토요일	일요일
lundi	mardi	mercredi	jeudi	vendredi	samedi	dimanche

4) 의문대명사

① 형태

기능	생물	무생물
주어	qui	
직접목적보어	qui	que / quoi
속사	qui / que	que
전치사보어	전치사 + qui	전치사 + quoi

② 용법

a) 주어

Qui vient? [누가 오는데?]

Qui reste à la maison? [누가 집에 남아있니?]

b) 주어의 속사

• 사람 : Qui êtes-vous? [당신은 누구십니까?]

• 사물 : Qu'est-ce que c'est? [이것이 무엇입니까?]

c) 직접목적어

• 사람 : qui

Qui voyez-vous? [당신 누구를 보십니까?]

• 사물이나 동물 : que / quoi

Que voyez-vous? [무엇을 보십니까?]

Tu lui as dit quoi? [너 그에게 무엇을 말했니?]

d) 전치사 보어

• 사람이나 동물 : à qui, pour qui, avec qui, de qui

Pour qui travaillez-vous? [누구를 위해 일하십니까?]

Avec qui chantez-vous? [누구와 함께 노래를 하십니까?]

• 사물 : à quoi. avec quoi?

A quoi penses-tu? [너 무엇에 대해 생각하니?]

SITUATION 3

A : Voilà, c'est à vous de jouer. 자, 이제 당신이 할 차례입니다.

B : Oh là là, ça ne va pas être facile. 어, 이거 쉽지 않겠는데요.

DELF A1

1) voici / voilà

[여기/저기에 ~이있다]	Voici mon ami, Pierre. [이 사람이 네 친구 삐에르야]
	Me voilà! [나 여기 있어요!]

2) c'est [이것은]

c'est + 부정관사 + 명사 : 소개		C'est un livre. C'est Paul. [이것은 책입니다. 이사람은 뽈입니다.]
c'est .. qui, que : 강조구문		C'est vous que j'aime. [내가 사랑하는 사람은 당신입니다.]
c'est + 전치사	que + 절	C'est à vous que je parle. [나는 바로 당신에게 말하고 있습니다.]
	de + 동사원형	C'est à vous de jouer. [당신차례입니다.]

3) ça [지시대명사]

① 형태

단 수		복 수		중 성
남 성	여 성	남 성	여 성	ça
celui	celle	ceux	celles	cela

② 용법

a) 소유

Cette voiture est à qui? C'est celle de Jean.
[이 자동차 누구 거니?] [그것은 장의 것이야]

b) -ci 는 가까이 있는 것, -là 는 먼 곳에 있는 것을 나타낸다

Celui-ci coûte plus cher que celui-là. [이것이 저것보다 더 비싸]

▸ 중성형 (ça)

cela 의 구어체적 표현이다

Qu'est-ce que c'est que ça? [이게 도대체 뭐야?]

4) facile

[쉬운]	Il lui est facile de faire ça. [이것을 하는 것 그에겐 쉬워]
[너그러운]	un caractère facile [유순한 성격]

SITUATION 4

A : C'est combien, ces tomates? 이 토마토 가격이 얼마에요?
B : 5 euros le kilo, madame. 킬로당 5유로입니다, 부인.
A : C'est trop cher. 너무 비싸네요.

1) 가격을 물어보는 표현들

[가격이 얼마입니까?]	Ça coûte combien?
	Ça fait combien?
	C'est combien?
	Je vous dois combien?

2) par

[장소, 공간 : -을 통해]	entrer par la fenêtre [창문을 통해 들어오다]
[도구, 수단 : -로]	par avion [비행기로] par la poste [우편으로]
[배분, 단위 : -마다]	deux fois par jour [하루에 두 번]

3) cher

[명사 앞 : 친애하는]	cher monsieur [친애하는 선생님]
[명사 뒤 : 비싼]	un prix cher [배싼 가격]

예제 2

■ Exercice 3

Comprendre une conversation : comprendre des expressions quotidiennes

Associez chaque situation à une image.
Attention : il y a 5 images (A, B, C, D, E) mais seulement 4 dialogues.

Image A

Image B

Image D

Image C

Image E

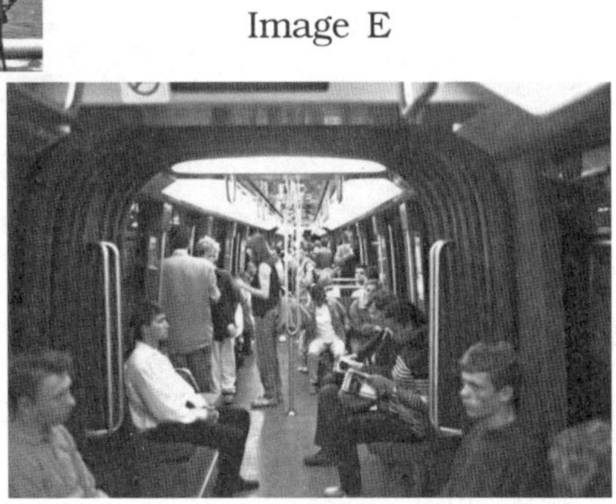

해석 및 풀이

SITUATION 1

A : Regarde ce tableau! C'est magnifique! 이 그림을 봐! 정말 훌륭하군!
B : Qui a peint ce beau tableau? 누가 이 아름다운 그림을 그렸는지 아니?

1) ce : 지시형용사

남성단수	모음 또는 묵음 h 남성단수	여성단수	남, 여성 복수
ce	cet	cette	ces

2) un tableau

[그림]	tableau religieux [종교화]
[칠판]	Allez au tableau! [흑판 앞으로 가세요!]

▸ 명사의 복수형

-au → -aux	cadeau → cadeaux [선물]	bateau → bateaux [배]

3) peint : peindre의 과거분사

		원형	과거분사
1군 동사	-é	aimer [좋아하다]	aimé
		chanter [노래하다]	chanté
		manger [먹다]	mangé
2군 동사	-i	finir [끝내다]	fini
		choisir [선택하다]	choisi
		grossir [살찌다]	grossi
3군 동사	-s	prendre [잡다]	pris
	-é	aller [가다]	allé
	-i	sortir [외출하다]	sorti
	-u	boire [마시다]	bu
		attendre [기다리다]	attendu

4) magnifique

[화려한, 아주 좋은]	C'est une maison magnifique. [아주 훌륭한 집이다]
[너그러운]	C'est un homme magnifique. [너그러운 사람이야]

SITUATION 2

A : **Qu'est-ce que vous voulez prendre, madame?** 무엇을 드시겠습니까, 부인? B : **Je voudrais un café, s'il vous plaît!** 커피 한잔 부탁할께요!

1) 주문 받을 때 사용되는 표현들

Qu'est-ce que vous voulez comme dessert?	[후식으로 뭘 드실래요?]
Qu'est-ce que vous prenez comme boisson?	[음료수 뭐 드실래요?]
Vous voulez quelque chose?	[뭐 드실래요?]

2) 마시는 것에 관계되는 명사들

물	맥주	커피	차	포도주
de l'eau	de la bière	du café	du thé	du vin

SITUATION 3

A : **Excusez-moi, madame! Je cherche la poste, s'il vous plaît!** 실례합니다, 부인! 우체국을 찾고 있는데요! B : **Désolée, mais je ne suis pas d'ici.** 유감이지만, 저도 이곳 사람이 아니라서요.

1) 길을 묻고 답할 때 사용하는 표현들

Je cherche + 장소, s'il vous plaît!	[~를 찾는데요]
Où est + 장소, s'il vous plaît!	
Vous pouvez m'indiquer + 장소, s'il vous plaît!	

2) chercher

[~을 찾다]	Je cherche mon chien. [내 개를 찾고 있어요]
[à + 동사원형 : ~애쓰다]	Il cherche à comprendre la situation. [그는 상황을 이해하려고 애쓴다]

3) 장소와 관련하여 자주 쓰이는 명사들

길을 묻는 문제에서 나올 수 있는 장소의 명사들			
l'école	[학교]	le restaurant	[식당]
la poste	[우체국]	l'hôtel	[호텔]
le cinéma	[영화관]	la gare	[역]
le musée	[미술관]		

4) 부탁이나 제안을 거절할 때 사용되는 표현들

Je suis désolé(e), mais	je ne peux pas.
Je suis navré(e), mais	
Je voudrais bien, mais	
Je regrette, mais	

SITUATION 4

A : **Regarde ça! Qu'est-ce que c'est?** 저것 좀 봐! 저게 뭐지?
B : **Tu ne sais pas ça? C'est la Tour Eiffel.** 너 저거 몰라? 에펠탑이잖아.

1) 사람과 사물에 대해 물어보는 표현들

사람	사물
Qui est-ce?	Qu'est-ce que c'est?
Tu connais cet homme?	C'est quoi ça?

2) 직접목적보어 인칭 대명사와 ça

직접목적어가 사람 또는 동물인 경우 le, la, les를 사용하는 반면, 사물인 경우 ça를 사용한다 :

Tu aimes le chien? Oui, je l'aime beaucoup.
Tu connais Paul? Oui, je le connais bien.
Tu aimes le café? Oui, j'aime beaucoup ça.

2. 삽화와 이에 관계되는 대화상황 연결

예 제

■ Exercice 3

Comprendre une conversation : comprendre des expressions quotidiennes

Associez chaque situation à un dessin.

Attention : il y a 5 dessins (1, 2, 3, 4, 5) mais seulement 4 dialogues.

Dessin 1

Dessin 2

Dessin 3

Dessin 4

Dessin 5

해석 및 풀이

SITUATION 1

A : **Je te présente Marie. Marie! C'est Isabelle.**
너에게 마리를 소개할게. 마리야! 얘는 이자벨이야.
B : **Salut!** 반가워.
C : **Salut!** 반가워.

1) présenter

présenter A à B [A를 B에게 소개하다]	Je vous présente ma femme.

▸ Voici Paul! Voilà Marie!

2) 만났을 때 하는 인사말

일반적인 인사말		친한 친구사이에 하는 인사말	
bonjour	bonsoir	salut	ciao

SITUATION 2

A : **Bonjour, madame! Comment allez-vous?** 안녕하세요, 부인! 어떻게 지내세요?
B : **Bonjour, monsieur! Je vais bien. Ça fait longtemps qu'on ne s'est pas vus.**
안녕하세요! 잘 지냅니다. 우리 못 본지 오래됐죠.

1) tiens!

[놀람]	Tiens, c'est toi! [이야, 너구나!]
[주의환기]	Tiens, on y va! [자, 우리 가자!]

2) 안부를 묻는 표현들

Comment allez-(vas)-vous (tu)?	Je vais bien, merci. Et vous (toi)?
Comment ça va?	Ça va.
Ça va?	Comme ci comme ça. [그저 그래]

3) Ça fait + 기간, 시간 + que + 절 : [~한지 ~됐다]

- Ça fait cinq ans que j'habite à Paris. [나는 파리에 산지 5년 됐어]

SITUATION 3

A : **Alors les garçons! Qu'est-ce que vous voulez prendre?** 애들아! 뭐 먹을래?
B : **Moi, je prends un café.** 나는 커피 마실래.
A : **Et toi?** 너는?
C : **Moi, je vais prendre une bière.** 나는 맥주 마실래.

1) le garçon

[소년]	petit garçon [남자 아이] jeune garçon [청소년]
[청년]	beau garçon [미남 청년]
[종업원]	garçon de café(restaurant) [카페(식당) 종업원]

2) vous

[주어가 2인 이상의 복수]	Vous allez où? [당신들(너희들) 어디 가세요(가니)?]
[잘 모르거나 존칭의 대상]	Vous partez quand? [당신 언제 떠나세요?]

3) vouloir

je	veux	nous	voulons
tu	veux	vous	voulez
il, elle	veut	ils, elles	veulent
+ 동사원형	Je veux travailler. [나는 일하고 싶다]		

4) prendre

je	prends	nous	prenons
tu	prends	vous	prenez
il, elle	prend	ils, elles	prennent
[잡다]	prendre qn par la main [~의 손을 잡다]		
[먹다]	prendre ses repas [식사를 하다]		
[(교통편) 타다]	prendre un taxi (le métro, le train) [택시, 전철, 기차를 타다]		

5) 시제

aller + 동사원형 : [근접미래]	Il va venir. [그는 곧 올꺼야]
venir de + 동사원형 : [근접과거]	Il vient de partir. [그는 막 떠났어]

SITUATION 4

A : Qu'est-ce que tu as? Tu es malade? 무슨 일이야? 너 아프니?
B : Je me suis cassé la jambe. 다리가 부러졌어.

1) 상대방이 안 좋아 보일 때 쓰이는 표현들

Qu'est-ce que vous (tu) avez (as)?	[무슨 일이니?]
Qu'est-ce qu'il y a?	
Qu'est-ce qui s'est passé?	

2) malade

[병든, 아픈]	tomber malade [병들다] J'en suis malade. [그것땜에 골치가 아파]

3) 신체의 일부를 나타내는 어휘들

les yeux [눈]	la tête [머리]	le cheveu [머리카락]	la bouche [입]
le nez [코]	l'oreille [귀]	le bras [팔]	la jambe [다리]
le dent [이]	l'épaule [어깨]	le ventre [배]	le pied [발]

PREMIÈRE PARTIE : Exercice 4 유형

대화와 내용의 연관성 찾기

첫 번째 단계의 듣기평가유형 중 우리주변에서 쉽게 일어날 수 있는 상황들을 중심으로 상황이 일어날 수 있는 장소와 그 중심 요점이 무엇인지 묻는 문제로서 다음과 같이 유형을 구분할 수 있다. 일상생활에서 흔히 일어나는 상황을 중심으로 하는 대화 내용을 듣고 다음 사항들을 찾아낸다.

1. 길 묻는 상황
2. 예약에 관한 상황
3. 옷가게에서의 상황
4. 전화상에서 벌어지는 상황
5. 식당에서 벌어지는 상황

1. 길 묻는 상황

예 제

■ Exercice 4

Obtenir des biens et des services

Pour chaque situation, mettez une croix pour indiquer <Où est-ce?> ou <Qu'est-ce qu'on demande?>

Exemple :

▪ Situation 1 ▪

Ça se passe où?		*Qu'est-ce qui est demandé?*	
Dans un café		*Une boisson*	
Dans la rue	*X*	*Le chemin*	*X*
À l'aéroport		*L'heure*	
Au téléphone		*Un travail*	
Dans la bibliothèque		*Le prix*	

해석 및 풀이

Obtenir des biens et des services (도움 얻기)

Pour chaque situation, mettez une croix pour indiquer <Où est-ce?> ou <Qu'est-ce qu'on demande?> (각 상황에 대해, <어디 인가?> 또는 <요구하는 것이 무엇인가?>를 나타내기 위해 X를 표시하시오.)

1) obtenir

[얻다, 획득하다]	Il a obtenu le premier prix. [그는 1등상을 획득했다]

2) le bien

[이득, 유리함]	bien particulier	[사사로운 이익]
[선, 덕행]	faire le bien	[착한 일을 하다]
[재산]	biens privés	[사유재산]

3) la service

[소용]	rendre service [쓸모가 있다]
[근무]	heure de service [근무시간]
[도움]	demander un service à un ami [친구에게 도움을 청하다]

4) chaque

[~마다]	chaque année [매년] chaque fois que [~할 때마다]

5) la situation

[입장, 상황]	Il est dans une situation difficile. [그는 어려운 상황에 놓였다]

6) mettre

je	mets	nous	mettons
tu	mets	vous	mettez
il, elle	met	ils, elles	mettent
[넣다]	Il met du sel dans la soupe. [그는 스프에 소금을 넣는다]		
[기입하다]	mettre son nom sur le dossier [서류에 이름을 기입하다]		

7) indiquer

[알려주다, 지시하다]	indiquer qch du doigt [~을 손가락으로 가르키다]

SITUATION 1

A : Excusez-moi, monsieur. Vous pouvez m'indiquer où est la gare, s'il vous plaît!
실례합니다, 선생님. 역이 어디에 있는지 제게 가르쳐 주시겠어요?

B : Vous tournez dans la première rue à gauche. Après, vous allez tout droit.
첫 번째 길에서 왼쪽으로 도세요. 그리고 나서 곧장 가세요.

1) 사과 또는 실례를 할 때 쓰는 표현들

사과	Excusez-moi	답변	Ce n'est pas grave.
	Pardon		

2) 길과 관계되는 표현들

Où est la gare, s'il vous plaît? [역이 어디있죠?]
Est-ce qu'il y a une station de métro près d'ici? [가까이에 전철역이 있어요?]
Est-ce que c'est loin d'ici? [여기에서 멉니까?]
Pour aller à la poste, s'il vous plaît. [우체국에 가려고 하는데요]

3) 방향을 나타낼 때 사용되는 표현들

[방향에 관계되는 표현]	Je suis désolé, mais je ne suis pas d'ici.
	Vous allez tout droit.
	C'est en face de la poste.
	Vous tournez dans (à) la première à gauche.
[감사에 관계되는 표현]	Vous êtes gentil.

▪ Situation 1 ▪

Ça se passe où? (어디에서 일어나고 있는가?)		Qu'est-ce qui est demandé? (무엇을 요구하고 있는가?)	
Dans un café [카페에서]		Une boisson [음료수]	
Dans la rue [거리에서]	X	Le chemin [길]	X
À l'aéroport [공항에서]		L'heure [시간]	
Au téléphone [전화로]		Un travail [일자리]	
Dans la bibliothèque [도서관]		Le prix [가격]	

2. 예약에 관한 상황

예 제

■ Exercice 4

Obtenir des biens et des services

Pour chaque situation, mettez une croix pour indiquer <Où est-ce?> ou <Qu'est-ce qu'on demande?>.

Exemple :

▪ *Situation 2* ▪

Ça se passe où?		*Qu'est-ce qu'on demande?*	
Dans un restaurant		*Un billet d'avion*	
À l'école		*Un ticket de métro*	
À la station		*De l'aide*	
À la maison		*Un billet de concert*	
À l'aéroport		*Un billet de train*	

해석 및 풀이

SITUATION 2

A : Bonjour, monsieur. Je voudrais réserver un billet d'avion pour Paris, s'il vous plaît!
안녕하세요. 파리행 비행기표를 예약하고 싶은데요.
B : Vous voulez partir quand? 언제 떠나시죠?
A : Demain. C'est combien? 내일이요. 가격이 얼마죠?
B : 200 euros, madame. 200유로입니다.

1) réserver

[예약하다]	réserver sa place dans le train [기차에 자리를 예약하다]

2) un billet

[표]	prendre un billet [표를 사다] un billet d'abonnement [정기권]

3) 의문문

① (의문사) + 동사 + 주어 ...? Quand partez-vous?

② (의문사) + est-ce que + 주어 + 동사...? Quand est-ce que vous partez?

③ 주어 + 동사 ... (의문사)? Vous partez quand?

4) 존칭을 나타내는 단어들

남성		여성	
단수	복수	단수	복수
monsieur	messieurs	madame	mesdames
		mademoiselle	mesdemoiselles

▪ Situation 2 ▪

Ça se passe où?		Qu'est-ce qu'on demande?		
Dans un restaurant [식당]		Un billet d'avion	[비행기표]	X
Dans l'école [학교]		Un ticket de métro	[전철표]	
À la station [지하철역에서]		Une aide	[도움]	
À la maison [집에서]		Un billet de concert	[콘서트표]	
À l'aéroport [공항에서]	X	Un billet de train	[기차표]	

3. 옷가게에서의 상황

예 제

■ Exercice 4

Obtenir des biens et des services

Pour chaque situation, mettez une croix pour indiquer <Où est-ce?> ou <Qu'est-ce qu'on demande?>.

▪ *Situation 3* ▪

Ça se passe où?		*Qu'est-ce qui est demandé?*	
Dans un magasin		*Une robe*	
Dans l'école		*Une cravate*	
À la librairie		*Une jupe*	
À l'hôtel		*Une chemise*	
Dans un café		*Un pantalon*	

해석 및 풀이

SITUATION 3

A : Bonjour, madame! Je peux vous aider?
안녕하세요, 부인! 도와 드릴까요?
B : Oui, je cherche une robe pour ma fille. 예, 딸아이 옷을 찾는데요.
A : Quelle est sa taille? 치수가 어떻게 되죠?
B : 36. 36이요.

1) aider

aider qn à + 동사원형 [~가 ~하는 것을 돕다]

2) 의류와 관계되는 어휘들

셔츠	넥타이	치마	여성옷
une chemise	une cravate	une jupe	une robe

3) 소유 형용사

	남성단수	여성단수	모음, 무음 h 의 여성단수	남, 여 복수
[나의]	mon	ma	mon	mes
[너의]	ton	ta	ton	tes
[그의]	son	sa	son	ses
[우리들의]	notre			nos
[당신들의]	votre			vos
[그들의]	leur			leurs

▪ Situation 3 ▪

Ça se passe où?		Qu'est-ce qui est demandé?	
Dans un magasin [상점]	X	Une robe [여성 옷]	X
Dans l'école [학교]		Une cravate [넥타이]	
À la librairie [서점에서]		Une jupe [치마]	
À l'hôtel [호텔에서]		Une chemise [셔츠]	
Dans un café [카페에서]		Un pantalon [바지]	

4. 전화상에서 벌어지는 상황

예 제

■ Exercice 4

Obtenir des biens et des services

Pour chaque situation, mettez une croix pour indiquer <Où est-ce?> ou <Qu'est-ce qu'on demande?>.

▪ *Situation 4* ▪

Ça se pass où?		*Qu'est-ce qui est demandé?*	
Dans une librairie		*Le nom*	
Au téléphone		*Le menu*	
À l'hôtel		*L'adresse*	
À la bibliothèque		*La nationalité*	
Dans un magasin		*L'âge*	

해석 및 풀이

SITUATION 4

A : Allô? Bonjour monsieur. Je voudrais parler à Monsieur Dupont, s'il vous plaît!
여보세요, 안녕하세요. 뒤퐁씨와 통화하고 싶은데요!

B : Qui est à l'appareil? 전화하신 분은 누구시죠?

A : C'est madame Durand. 저는 뒤랑부인입니다.

B : Pardon? Je vous entends mal. Vous pouvez épeler votre nom, s'il vous plaît?
뭐라구요? 잘 안들리는데요. 이름을 철자로 불러주시겠어요?

A : D, U, R, A, N, D.

1) 전화에서 자주 쓰이는 표현들

Est-ce que Monsieur X est là?	[X 씨 계십니까?]
Je voudrais parler à Monsieur X, s'il vous plaît!	[X 씨와 통화하고 싶은데요]
Je suis bien chez Monsieur X?	[X 씨 댁이죠?]
Qui est à l'appareil?	[전화하신 분은 누구시죠?]
Ne quittez pas. Je vous le passe.	[기다리세요. 바꿔드릴께요]
Il n'est pas là pour le moment.	[지금 자리에 없는데요]

2) pardon

[용서]	Je vous demande pardon. [당신께 용서를 바랍니다]
[상대의 말을 되물을 때]	Pardon? [뭐라구요?]

3) entendre

[들리다]	Je vous entends mal. Parlez plus fort! [안들려요. 크게 말하세요!]

4) mal

[서투르게]	Il parle mal français. [그는 프랑스어가 서투르다]
	Ça commence mal. [시작이 좋지 않군]
[충분치 않게]	La porte ferme mal. [문이 덜 닫혔다]

▪ Situation 4 ▪

Où est-ce?			Qu'est-ce qu'on demande?		
Dans une librairie	[서점 안에서]		Le nom	[이름]	X
Au téléphone	[전화로]	X	Le menu	[메뉴]	
À l'hôtel	[호텔에서]		L'adresse	[주소]	
À la bibliothèque	[도서관에서]		La nationalité	[국적]	
Dans un magasin	[상점에서]		L'âge	[나이]	

5. 식당에서 벌어지는 상황

예 제

■ Exercice 4

Obtenir des biens et des services

Pour chaque situation, mettez une croix pour indiquer <Où est-ce?> ou <Qu'est-ce qu'on demande?>.

▪ *Situation 5* ▪

Ça se passe où?		*Que commande la dame comme dessert?*	
À la poste		*Du café*	
À la gare		*Bifteck frites*	
Dans un restaurant		*De la glace*	
À la banque		*Du fromage*	

해석 및 풀이

SITUATION 5

A : Bonsoir, madame. Qu'est-ce que vous voulez prendre?
안녕하세요, 부인. 무엇을 드시겠어요?
B : Quel est le plat du jour? 오늘의 특별요리는 뭐죠?
A : Bifteck frites. 감자튀김을 곁들인 비프 스테이크입니다.
B : Bon, je prends ça. 그것으로 하죠.
A : Et le dessert? 후식은요?
B : Je vais prendre de la glace. 아이스크림을 먹겠어요.

1) le plat

[접시]	apporter les plats sur la table [식탁에 요리 접시를 가져오다]
[요리]	plat du jour [식당에서 추천하는 오늘의 특별 요리]

2) le jour

[날, 요일]	Quel jour est-ce aujourd'hui? [오늘 무슨 요일이죠?]

▪ Situation 5 ▪

Où est-ce?		Qu'est-ce qu'on demande comme dessert?	
À la poste [우체국에서]		Du café [커피]	
À la gare [기차역에서]		Bifteck frites [감자튀김 비프 스테이크]	
Dans un restaurant [식당에서]	X	De la glace [아이스크림]	X
À la banque [은행에서]		Du fromage [치즈]	

DEUXIÈME PARTIE

독해평가(Compréhension des écrits)

일상생활에서 흔히 접할 수 있는 상황에 초점을 맞춘 넷 또는 다섯 개의 내용을 중심으로 한 글을 읽고 정확히 그 내용을 이해하고 있는 지를 묻는 질문에 대해 답하는 형식

CONTENT

DEUXIÈME PARTIE : Exercice 1 유형

서신내용 이해하기

두 번째 단계의 독해평가 중 편지나 e-mail 또는 초대장 그리고 광고 게시물이나 안내방송 등을 주어지고, 질문을 통해 얼마나 내용을 잘 파악하고 있는지를 알아보는 문제로서 다음과 같이 유형을 구분할 수 있다.

1. 초대에 관한 글
2. 초대에 대한 거절의 글

1. 초대에 관한 글

예제 1

■ Exercice 1

Comprendre la correspondance

Vous venez de recevoir ce message. Répondez aux questions suivantes.

> Paris, 5 juin
>
> Salut Jean,
> J'ai 23 ans le 6 juillet. J'invite des amis de l'université à dîner chez moi samedi prochain vers 19 h. On va bien s'amuser. Tu peux venir? (n'oublie pas d'apporter le gâteau d'anniversaire)
>
> Voici mon numéro de téléphone : 02 24 15 23 56
> À samedi, je t'embrasse,
>
> Paul

Exemple :

0. Pourquoi est-ce que Paul invite des amis?

- ☐ *Parce que c'est l'anniversaire de son mariage.*
- ☒ *Parce que c'est son anniversaire.*
- ☐ *Parce que ça fait longtemps qu'il n'a pas vu ses amis.*

1. C'est :
   - ☐ un message amical
   - ☐ un message urgent
   - ☐ un message administratif

2. Qui a écrit ce message?

3. Pourquoi est-ce qu'il a écrit cette carte?
   - ☐ Pour inviter un ami
   - ☐ Pour refuser une invitation
   - ☐ Pour accepter une invitation

4. Qu'est-ce que Paul a demandé à Jean d'apporter?

☐ Image a

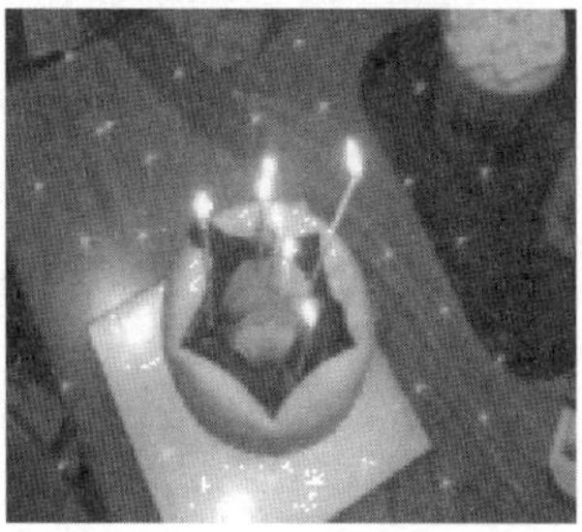

☐ Image B

☐ Image C

5. Quand Paul écrit à Paris c'est :

☐ l'hiver.
☐ l'automne
☐ l'été

해석 및 풀이

COMPRÉHENSION DES ÉCRITS (글에 대한 이해력)

Comprendre la correspondance. [서신 이해하기]
Vous venez de recevoir ce message. Répondez aux questions suivantes.
[당신은 이 메시지를 막 받았습니다. 다음 질문에 대답하시오]

1) la correspondance

[통신, 서신]	être en correspondance avec qn [~와 교신하다]

2) venir de + 동사원형 : 근접과거 [막 ~했다]

je	viens	nous	venons
tu	viens	vous	venez
il, elle	vient	ils, elles	viennent
[오다]	D'où viens-tu? [너 어디서 오는 길이니?]		
[venir de + 동사원형 : 근접과거]		Je viens d'arriver. [나 막 도착했어]	

3) recevoir

je	reçois	nous	recevons
tu	reçois	vous	recevez
il, elle	reçoit	ils, elles	reçoivent
[~을 받다]	recevoir un cadeau [선물을 받다]		

4) suivant(e)

[다음의]	l'exemple suivant [다음 예문]

본문내용

Paris, 5 juin

Salut Jean,

J'ai 23 ans le 6 juillet. J'invite des amis de l'université à dîner chez moi samedi prochain vers 19 h. On va bien s'amuser. Tu peux venir? (n'oublie pas d'apporter le gâteau d'anniversaire)

Voici mon numéro de téléphone : 02 24 15 23 56
À samedi, je t'embrasse,

Paul

안녕 Jean,
7월 6일이면 나 23살이 돼. 다음 주 토요일 19시쯤 대학 친구들을 집에 저녁 초대했거든. 아주 재미있을 거야. 너 올 수 있니? (생일 케이크 가져오는 거 잊지마)
여기 내 전화번호야 02 24 15 23 56
그럼 토요일에 보자

1) 1-12월

janvier	février	mars	avril	mai	juin
juillet	août	septembre	octobre	novembre	décembre

2) 식사

[아침식사]	le petit-déjeuner	prendre	le petit-déjeuner	
[점심식사]	le déjeuner		le déjeuner	déjeuner
[저녁식사]	le dîner		le dîner	dîner

3) chez

[~집에]	+사람 이름	chez Paul
	+강세인칭대명사	chez moi
[근무지]	+직업 명사	chez le médecin

4) 요일

월요일	화요일	수요일	목요일	금요일	토요일	일요일
lundi	mardi	mercredi	jeudi	vendredi	samedi	dimanche

5) prochain

[가까운]	prochain village [이웃 마을]
[다음의]	dimanche prochain [다음주 일요일]

6) aller

je	vais	nous	allons
tu	vas	vous	allez
il, elle	va	ils, elles	vont
[~에 가다]	Je vais à la librairie. [나는 서점에 간다]		
[안부]	Comment vas-tu? [어떻게 지내?]		
aller +동사원형 [근접미래]	Le train va arriver. [기차가 곧 도착할꺼야]		

7) oublier

[잊다]	J'ai oublié de fermer la fenêtre. [창문 닫는 것을 잊어버렸다]

8) (부정) 명령문

(Ne, N') 2인칭 단수 (pas)	(Ne) mange (pas) cette pomme!
(Ne, N') 2인칭 복수 (pas)	(Ne) choisissez (pas) cette voiture!
(Ne, N') 1인칭 복수 (pas)	(Ne) partons (pas)!

9) le gâteau [케익, 과자]

-eau → -eaux	cadeau [선물] → cadeaux	peau [피부] → peaux

10) embrasser [포옹하다] 편지 글 마지막에 쓰는 말

0. Pourquoi est-ce que Paul invite des amis? [왜 뽈은 친구들을 초대 했는가?]

☐ Parce que c'est l'anniversaire de son mariage.
[왜냐하면 그의 결혼기념일이기 때문에]

☒ Parce que c'est son anniversaire. **[왜냐하면 그의 생일이기 때문에]**

☐ Parce que ça fait longtemps qu'il n'a pas vu ses amis.
[왜냐하면 친구들을 본 지가 오래되어서]

1) pourquoi

[왜]	Pourquoi partez-vous si vite? [왜 이렇게 일찍 떠나려고 하세요?]
	Pourquoi faire? [무엇 때문에?] c'est pourquoi [그래서]

2) 친구, 동료

학교 친구		직장 동료
ami (amie)	copain (copine)	camarade

1. C'est :

☒ un message amical **[우정의 (친구사이의) 메시지]**

☐ un message urgent **[급한 메시지]**

☐ un message administratif **[행정적인 메시지]**

2. Qui a écrit? → Paul

편지를 쓴 사람의 이름이 맨 마지막에 위치하고, 편지를 받는 사람의 이름 앞에는 cher 또는 salut 와 같은 단어가 붙는다.

3. Pourquoi est-ce qu'il a écrit cette carte? [왜 그는 이 카드를 썼는가?]
   ☒ Pour inviter un ami [친구를 초대하기 위해서]
   ☐ Pour refuser une invitation [초대를 거절하기 위해서]
   ☐ Pour accepter une invitation [초대를 수락하기 위해서]

4. Qu'est-ce que Paul a demandé à Jean d'apporter?
   [뽈은 장에게 무엇을 가져오라고 요구했는가?]
   ☐ Image A [des vins : 포도주]
   ☒ Image B [gâteau d'anniversaire : 생일케익]
   ☐ Image C [une bague : 반지]

5. Quand Paul écrit à Paris c'est : (뽈이 글을 썼을 때 파리는 ~이다)
   ☐ l'hiver [겨울]
   ☐ l'automne [가을]
   ☒ l'été [여름]

예제 2

■ Exercice 1

Comprendre la correspondance

Vous venez de recevoir cet e-mail. Répondez aux questions suivantes.

> Salut, les copains!
>
> Puisque vous aimez tous le cinéma, je vous propose d'aller voir <Léon> au ciné CGV et comme c'est mon anniversaire, je vous invite dans un restaurant coréen, Han Lim où l'on a bien mangé l'autrefois.
> Rendez-vous demain à 15 heures devant l'CGV les Halles. Je suis sûre qu'on va bien s'amuser! À bientôt!
>
> Marie

1. À qui est-ce que Marie envoie cet e-mail?
   ☐ À ses parents
   ☐ À ses amis
   ☐ À sa famille

2. Marie propose : ________________________

3. Quel est le titre du film? _______________

4. Pourquoi est-ce que Marie invite les gens au restaurant coréen?
   - ☐ Parce qu'elle a passé son examen.
   - ☐ Parce que c'est son anniversaire.
   - ☐ Parce que c'est la fête nationale.

5. L'heure du rendez-vous est :
   - ☐ deux heures du matin
   - ☐ trois heures de l'après-midi
   - ☐ six heures du soir

해석 및 풀이

본문내용

Salut, les copains!
Puisque vous aimez tous le cinéma, je vous propose d'aller voir <Léon> au ciné CGV et comme c'est mon anniversaire, je vous invite dans un restaurant coréen, Han Lim où l'on a bien mangé l'autrefois.
Rendez-vous demain à 15 heures devant l'CGV les Halles. Je suis sûre qu'on va bien s'amuser! À bientôt!

Marie

안녕, 친구들! 너희 모두 영화를 좋아하니까, CGV 극장에서 <레옹>을 보러갈 것을 제안할게. 그리고 내 생일이니까, 우리가 저번에 맛있게 먹었던 한국식당인 한림으로 초대하지. 내일 15시에 les Halles 에 있는 CGV 앞에서 만나자. 우리 아주 재미있게 놀 것이라고 확신해. 그럼 곧 보자!

마리가

1) puisque

[~이니까]	Puisque vous le voulez, je partirai. [당신이 원하시니 떠나죠]

2) 기호도

aimer	aimer beaucoup	aimer bien	adorer
n'aime pas	n'aime pas beaucoup	n'aime pas bien n'aime pas du tout	détester

3) tous [부정대명사]

- 단수 : 전체를 나타내며 명사의 모든 기능을 수행한다
  Tout va bien. [주어 : 모든 것이 잘 되간다]
- 복수 : 사람 또는 사물
  Ils sont tous intelligents. [그들은 모두 영리하다]

4) 전치사 à + 정관사

남성단수	여성단수	모음, 묵음 h 의 단수명사	복수명사
à + le → au	à la	à + le, la → à l'	à + les → aux

5) ciné : cinéma 의 줄임말

réfrigérateur [냉장고]	sympathique [상냥한]	dictionnaire [사전]
frigo	sympa	dico

6) comme

[~처럼]	Elle est belle comme toi. [그녀는 너처럼 아름답다]
[~로서]	Je te dis ça comme ami. [나는 너에게 친구로서 이것을 말하는 거야]
[~때문에]	Comme il est malade, il ne peut pas venir. [그는 아파서 못와]
[감탄문]	Comme elle est belle! [그녀는 정말 아름답군]

7) 혼동하기 쉬운 단어들

sur [~위에]	où [어디에]
sûr [확실한]	ou [또는]

1. À qui est-ce que Marie envoie cet e-mail? **[마리는 이 이-메일을 누구에게 보냈나?]**

☐ À ses parents **[그의 부모님에게]**
☒ À ses amis **[그의 친구들에게]**
☐ À sa famille **[그의 가족에게]**

DEUXIÈME PARTIE

2. Marie propose d'aller voir le film <Léon>.
   [마리는 영화 <레옹>을 보러 가자고 제안한다]

3. Quel est le titre du film? → Léon [영화의 제목은 무엇인가?]

4. Pourquoi est-ce que Marie invite les gens au restaurant coréen?
   [왜 마리는 친구들을 한국 식당에 초대 하는가?]
   - ☐ Parce qu'elle a passé son examen. [왜냐하면 시험에 합격했기 때문에]
   - ☒ Parce que c'est son anniversaire. [생일이기 때문에]
   - ☐ Parce que c'est la fête nationale. [국경일이기 때문에]

5. L'heure du rendez-vous est : [약속 시간은:]
   - ☐ deux heures du matin [아침 2시]
   - ☒ trois heures de l'après-midi [오후 3시]
   - ☐ six heures du soir [저녁 6시]

예제 3

■ Exercice 1

Comprendre la correspondance

Vous venez de recevoir cette lettre. Répondez aux questions suivantes.

> Nice, 8 juillet
>
> Cher ami
>
> Comment ça va? Ça fait longtemps qu'on ne s'est pas vus. Je t'écris cette lettre parce que j'ai une proposition à te faire. J'ai acheté une maison au bord de la mer. Elle n'est pas grande mais elle a un joli jardin. Comme c'est bientôt les vacances d'été, je voudrais inviter ta famille. Qu'est-ce que tu en penses? Téléphone-moi.
>
> Je t'embrasse.
>
> Isabelle

1. À qui Isabelle a-t-elle écrit cette lettre?
   - ☐ À son copain
   - ☐ À son enfant
   - ☐ À ses parents

2. Isabelle voudrait: ______________________

3. Isabelle habite à __________.

4. Où est-ce qu'Isabelle a acheté une maison?
   - ☐ loin de la mer
   - ☐ près de la mer
   - ☐ au milieu de la mer

5. La maison d'Isabelle :
   - ☐ est petit mais il y a un joli jardin
   - ☐ est grande et jolie.
   - ☐ est grande mais elle n'a pas de jardin.

해석 및 풀이

본문내용

Nice, 8 juillet

Cher ami

Comment ça va? Ça fait longtemps qu'on ne s'est pas vus. Je t'écris cette lettre parce que j'ai une proposition à te faire. J'ai acheté une maison au bord de la mer. Elle n'est pas grande mais elle a un joli jardin. Comme c'est bientôt les vacances d'été, je voudrais inviter ta famille chez moi.. Qu'est-ce que tu en penses?

Téléphone-moi, je t'embrasse,

Isabelle

니스, 7월 8일

사랑하는 친구에게

어떻게 지내고 있니? 우리가 못 본지 오래 됐지. 내가 너에게 이 편지를 쓰는 것은 너에게 제안할 것이 있어서야. 내가 바닷가 근처에 집을 샀어. 크지는 않지만 정원이 예뻐. 이제 곧 여름 휴가인데, 네 가족을 초대하고 싶어. 어떻게 생각해?

전화해줘, 잘 있어.

이자벨

1) cher

[사랑하는, 친애하는]	Cher(ère) Monsieur (Madame)
[비싼]	C'est trop cher. [이것은 너무 비싸다]

2) ça fait + 시간의 표현 (숫자, 부사) + que

<table>
<tr><td rowspan="2">Ça fait</td><td>un ans</td><td rowspan="2">que j'habite à Paris.</td><td>[내가 파리에 산지 1년 이다]</td></tr>
<tr><td>peu de temps</td><td>[내가 파리에 산지 얼마 되지 않았다]</td></tr>
</table>

3) 복합과거

<table>
<tr><td rowspan="2">être</td><td>자동사의 과거분사</td><td rowspan="2">être</td><td>arrivé parti sorti entré</td></tr>
<tr><td>대명동사의 과거분사</td><td>s'être couché s'être réveillé</td></tr>
<tr><td>avoir</td><td>타동사의 과거분사</td><td colspan="2">ai mangé as fini a bu</td></tr>
</table>

▸ 복합과거에서 대명동사 또는 자동사의 과거분사는 주어의 성과 수에 일치해야 한다 :
Ils (Elles) se sont réveillé(e)s tôt. [그(녀)들은 일찍 잠에서 깼다]

4) parce que

puisque [~인 이상 : 확실한 사실]	Puisque vous le voulez, je partirai. [당신이 원하시니까, 내가 떠나죠]
comme [~이니까 : 문장 앞]	Comme il est gentil, tout le monde l'aime. [그는 착하므로, 모든 사람이 그를 좋아해]
car [그 까닭은 : 문장 연결]	Il n'est pas venu, car il est malade. [그는 오지 않았는데, 그 까닭은 아프기 때문이야]

5) －en

• 부정관사 혹은 부분관사가 선행한 명사

Tu as un chien? [너 개 가지고 있니?] — Oui j'en ai un. [응, 한 마리를 가지고 있어]

Vous avez des enfants? [아이들이 있어요?] — Oui, j'en ai deux. [예, 두 명 있습니다]

Tu as de la chance. Tu en as toujours.
[너는 운이 좋구나. 너는 항상 그래]

- 전치사 de 가 선행하는 사물명사
  Je m'occupe de ces affaires. = Je m'en occupe.
  [내가 그 일을 맡을게]
  Il s'occupe de sa mère. = Il s'occupe d'elle.
  [그는 어머니를 돌본다]

- 명사의 보어
  Tu as vu l'émission sur les animaux hier?
  [너 어제 동물들에 대한 방송을 봤니?]
  J'en ai vu une partie seulement. [=une partie de l'émission]
  [단지 일부만 봤어]

1. À qui Isabelle a-t-elle écrit cette lettre? [이자벨은 이 편지를 누구에게 썼는가?]
   ☒ À son copain [그녀의 친구에게]
   ☐ À son enfant [그녀의 자식에게]
   ☐ À ses parents [그녀의 부모에게]

2. Isabelle voudrait: inviter la famille de son ami chez elle.
   [이자벨은 그녀의 집에 친구의 가족을 초대하고 싶어한다]

3. Isabelle habite à Nice. [이자벨은 니스에 살고 있다]

4. Où est-ce qu'Isabelle a acheté une maison?
   [이자벨은 어디에 집을 가지고 있는가?]
   ☐ loin de la mer [바다에서 멀리 떨어진]
   ☒ près de la mer [바다에서 가까운]
   ☐ au milieu de la mer [바다 한 가운데]

5. La maison d'Isabelle : [이자벨의 집은]
   ☒ est petit mais il y a un joli jardin [작지만 정원이 예쁘다]
   ☐ est grande et jolie. [크고 예쁘다]
   ☐ est grande mais elle n'a pas de jardin. [크지만 정원이 없다]

2. 초대에 대한 승낙의 글

예 제

■ Exercice 1

Comprendre la correspondance

Vous venez de recevoir cet e-mail. Répondez aux questions suivantes

> Paris, le 12 juillet
>
> Chère Isabelle,
> Ça m'a fait plaisir d'avoir tes nouvelles. Je t'ai téléphoné l'autrefois mais tu as été déménagé. Tu as enfin acheté une maison? Je suis très content pour toi. Tu avais tellement envie de vivre au bord de la mer et tu as réalisé ton rêve. Je vais prendre le congé à partir du 21 jusqu'au 03 août. J'ai parlé à ma femme et mes enfants de ta proposition. Ils sont ravis de ton invitation. Quand est-ce qu'on peut visiter ta maison? Dis-moi la date exacte.
> Merci encore une fois pour l'invitation.
>
> Xavier

1. Il s'agit :
   - ☐ d'une lettre amicale.
   - ☐ d'une demande officielle.
   - ☐ d'une excuse.

2. Quelle était le désir d'Isabelle?
   - ☐ habiter au bord de la mer.
   - ☐ acheter une belle voiture.
   - ☐ vivre avec sa famille.

3. Où est-ce que Xavier écrit cette lettre?
   - ☐ Nice
   - ☐ Paris
   - ☐ Marseille

4. À qui est-ce que Xavier a parlé de l'invitation d'Isabelle?

5. Qu'est-ce que Xavier veut savoir?

해석 및 풀이

본문내용

Paris, le 12 juillet

Chère Isabelle,
Ça m'a fait plaisir d'avoir tes nouvelles. Je t'ai téléphoné l'autrefois mais tu as déménagé. Tu as enfin acheté une maison? Je suis très content pour toi. Tu avais tellement envie de vivre au bord de la mer et tu as réalisé ton rêve. Je vais prendre un congé à partir du 21 juillet jusqu'au 03 août. J'ai parlé à ma femme et mes enfants de ta proposition. Ils sont ravis de ton invitation. Quand est-ce qu'on peut visiter ta maison? Dis-moi la date exacte.
Merci encore une fois pour l'invitation.

Xavier

파리, 7월 12일

친애하는 이자벨에게
너의 소식을 알게 되어 매우 기뻤어. 예전에 너에게 전화를 했는데 네가 이사를 갔더라구. 결국 집을 샀다구? 정말 잘됐어. 너 정말로 바닷가 근처에서 살고 싶어 했는데 꿈을 이루었구나. 나는 7월 21일부터 8월 3일까지 휴가야. 아내와 아이들에게 너의 제안을 말했더니 너의 초대에 너무도 좋아하더군, 우리가 언제 네 집을 방문하면 될까? 정확한 날짜를 말해줘.
초대해줘서 다시 한번 고마워.

자비에

1) 초대를 승낙하는 표현

avec plaisir [기꺼이]	d'accord [좋아]
Volontiers	pourquoi pas? [안될 거 없지]

2) déménager

[타동사]	[가구를 옮기다]	déménager un appartement [아파트에서 짐을 싣다]
[자동사]	[이사가다]	Il a déménagé pour habiter à Paris. [그는 파리에 살기 위해 이사를 갔다]

3) enfin

[마침내]	Le voilà enfin! [이제야 그가 왔어!]
[그래도]	Cela me paraît difficile, enfin tu peux toujours essayer. [그건 어려워 보이지는 하지만 그래도 노력은 해보는거야]

4) content(e)

[de + 명사]	Il est content de sa voiture. [그는 자동차에 만족해한다]
[de + 동사원형]	Je suis content de vous voir. [당신을 만나 반가워요]

5) tellement

[+동사]	Il a tellement changé. [그는 너무나도 변했다]
[부정문]	Je n'ai pas tellement envie de voir ce film. [그 영화를 그다지 보고 싶지 않아]
[que 와 함께]	Il a tellement d'argent qu'il voyage souvent à l'étranger. [그는 너무나 돈이 많아 외국을 자주 여행한다]

6) 한 가지 형태로 남성, 여성에 존재하는 명사들

adversaire [적수]	locataire[세입자]	dentiste [치과의사]	novice [초심자]
camarade [동무]	élève [제자]	témoin [증인]	artiste [예술가]
touriste [관광객]	esclave [노예]	collègue [동료]	enfant [아이]
concierge [수위]		propriétaire [소유자]	

1. Il s'agit d': [이것은 ~에 관한 것이다]
   - ☒ une lettre amicale. [친근한 편지]
   - ☐ une demande officielle. [공식적인 요청]
   - ☐ une excuse. [사과]

2. Quelle était le désir d'Isabelle? [이자벨의 소망은 무엇이었는가?]
   - ☒ habiter au bord de la mer [바닷가 근처에 사는 것]
   - ☐ acheter une belle voiture [좋은 자동차를 사는 것]
   - ☐ vivre avec sa famille [가족과 함께 사는 것]

3. Où est-ce que Xavier écrit cette lettre? [자비에가 이 편지를 어디에서 썼는가?]
   - ☐ Nice [니스]
   - ☒ Paris [파리]
   - ☐ Marseille [마르세이유]

4. À qui est-ce que Xavier a parlé de l'invitation d'Isabelle?
   [자비에가 이자벨의 초대에 대해 누구에게 말을 했는가?]
   Il a parlé à sa femme et ses enfants. [그는 아내와 아이들에게 말했다]

5. Qu'est-ce que Xavier veut savoir? [자비에아 알고 싶은 것은 무엇인가?]
   Il veut savoir la date exacte pour rendre visite la maison d'Isabelle.
   [이자벨의 집을 방문하기 위한 정확한 날짜를 알고 싶어한다]

3. 초대에 대한 거절의 글

예 제

■ Exercice 1

Comprendre la correspondance

Vous venez de recevoir cet e-mail. Répondez aux questions suivantes

> Nice, le 12 janvier
>
> Chère Margot,
> J'ai bien reçu ta lettre d'invitation. Je suis vraiment désolé, mais je ne peux pas venir avec toi à Marseille du 15 au 20 février. Du 15 au 18 je dois travailler. Après, j'ai trois jours de congés et je vais faire du sport. Tu connais Marie? Je vais faire du ski avec elle à Chamonix.
> Merci beaucoup pour l'invitation.
> Bises.
>
> Xavier

1. Pourquoi est-ce qu'il a écrit cette lettre?
   - ☐ Pour accepter une invitation.
   - ☐ Pour refuser une invitation.
   - ☐ Pour inviter son amie.

2. Qui a écrit cette lettre?
   - ☐ Margot
   - ☐ Xavier
   - ☐ Marie

3. Il ne travaille pas du _____ au ______ .
   - ☐ 15 - 18
   - ☐ 19 - 21
   - ☐ 15 - 20

4. Qu'est-ce qu'il va faire à Chamonix?

해석 및 풀이

본문내용

Nice, le 12 janvier

Chère Margot,
J'ai bien reçu ta lettre d'invitation. Je suis vraiment désolé, mais je ne peux pas venir avec toi à Marseille du 15 au 20 février. Du 15 au 18 je dois travailler. Après, j'ai trois jours de congés et je vais faire du sport. Tu connais Marie ? Je vais faire du ski avec elle à Chamonix.
Merci beaucoup pour l'invitation. Bises.

Xavier

니스에서 1월 12일

마르고에게, 너의 초대 편지를 잘 받았어. 유감스럽지만 2월 15일부터 20일까지 너와 함께 마르세이유에 갈 수가 없어. 15일부터 18일까지 일을 해야 하거든. 그 후에 3일간 휴가인데 운동을 할 거야. 너 마리 알지? 그녀와 함께 샤모니에서 스키를 탈거야. 초대해줘서 정말 고마워.

자비에가

1) bien

[부사]	[잘]	Tout s'est bien passé. [만사가 잘 진행되었다]
	[매우]	Je suis bien content. [나는 아주 만족스럽다]
[형용사]	[좋은]	C'est très bien. [아주 잘 됐어]

2) 동사들의 과거분사 유형

- -é : 어미가 -er 로 끝나는 대부분의 1군 동사들
  manger [먹다] - mangé　　chanter [노래하다] -chanté
  aimer [좋아하다] - aimé
- -i : 어미가 -ir 로 끝나는 2군 동사와 일부 3군 동사들
  finir [끝내다] - fini　　choisir [선택하다] -choisi
  partir [떠나다] - parti　　sortir [외출하다] - sorti
- -u, -s : -re 로 끝나는 3군 동사들
  perdre [잃다] - perdu　　prendre - pris
  mordre [물다] - mordu　　rendre - rendu

3) 2인칭 단수의 소유형용사

남성단수	여성단수	모음, 묵음 h 의 여성단수	남, 여 복수
ton	ta	ton	tes

4) une lettre

[편지]	une lettre recommandée [등기편지] boîte aux lettres [우편함]

5) 제안이나 부탁을 거절할 때 사용되는 표현들

Je suis désolé(e),	mais je ne peux pas.
Je regrette,	
Je voudrais bien,	

6) 자주 쓰이는 준 조동사들

pouvoir [~할 수 있다]		devoir [~해야 한다]		vouloir [~을 원하다]	
je	peux	je	dois	je	veux
tu	peux	tu	dois	tu	veux
il, elle	peut	il, elle	doit	il, elle	veut
nous	pouvons	nous	devons	nous	voulons
vous	pouvez	vous	devez	vous	voulez
ils, elles	peuvent	ils, elles	doivent	ils, elles	veulent

7) un congé

[휴가]	demander (donner) un congé [휴가를 신청하다 (주다)]
	obtenir un congé d'une semaine [일주일의 휴가를 얻다]

8) (운동을) 하다

faire	du sport, du football, du tennis, du ski
jouer	au football, au tennis

1. Pourquoi est-ce qu'il a écrit cette lettre? [왜 그는 이 편지를 썼는가?]
   - ☐ Pour accepter une invitation. [초대를 승낙하기 위해서]
   - ☒ Pour refuser une invitation. [초대를 거절하기 위해서]
   - ☐ Pour inviter son amie. [그의 친구를 초대하기 위해]

2. Qui a écrit cette lettre? [이 편지를 쓴 사람은 누구인가?]
   - ☐ Margot
   - ☒ Xavier
   - ☐ Marie

3. Il ne travaille pas du ___ au ___. [그는 ___부터 __까지 일을 하지 않나?]
   - ☐ 15 - 18
   - ☒ 19 - 21
   - ☐ 15 - 20

4. Qu'est-ce qu'il va faire à Chamonix? [그는 샤모니에서 무엇을 할 것인가?]
   Il va faire du ski avec sa copine Marie. [그는 친구 마리와 스키를 탈 것이다]

DEUXIÈME PARTIE : Exercice 2 유형

광고 또는 의견에 관한 글을 이해하기

두 번째 단계의 독해평가 중 하나의 주제에 대한 여러 사람의 의견을 모아놓고 그의 내용에 관계되는 질문과 답변이나 집 또는 아파트, 별장 등을 빌려주는 광고들 중에서 주어진 조건에 맞는 광고를 골라 그에 해당하는 질문에 답하는 문제로서 다음과 같이 유형을 구분 할 수 있다.

1. 집을 세놓거나 판매하는 광고
2. 여행 동반자를 찾는 광고
3. 사람을 구하는 광고
4. 휴대폰에 관한 의견

1. 집을 세놓거나 판매하는 광고

예제 1

■ Exercice 2

Lire pour s'informer

Vous cherchez une maison ou un appartement à louer à la campagne. Vous lisez ces annonces. Répondez aux questions.

1.

Appartement,
2 pièces, cuisine, salle de bains, WC,
4ème étage, ascenseur, Location été
Prix par semaine : 600 euros.
Tél. : 01 48 83 45 12

2.

Petit studio de 25 m^2
avec salon, 1 chambre, une douche avec WC, près du centre ville, 2ème étage. Location : l'hiver
Prix par semaine : 300 euros
Tél : 01 78 54 20 45

3.

Belle maison à louer
Capacité : 5 personnes

au rez-de-chaussée :
un grand salon (50 m^2), une salle à manger, une cuisine, des toilettes, deux chambres et salle de bains.

Au premier étage :
trois chambres et une salle de bains.
Un grand jardin, un garage.
À 20 minutes du centre ville.
Prix : 3500 euros par mois
Tél : 01 47 58 25 12

4.

Grd. appt.
avec 3 chambres, salle de bains, salon. grde cuisine, Tout confort, très clair, dans beau quartier.
Orientation : sud.
Prix : 2000 euros par mois
Réservez au 01 75 84 52 25

1. Vous voulez louer un appartement du 01 à 06 août.
   À quel numéro téléphonez-vous?

2. Vous êtes cinq personnes et chacun veut sa chambre.
   À quel numéro téléphonez-vous?

3. Vous allez faire du ski et vous êtes tout seul. Vous voulez que le prix de location ne dépasse pas 300 euros par semaine.
   À quel numéro téléphonez-vous?

해석 및 풀이

Vous cherchez une maison ou un appartement à louer à la campagne. Vous lisez ces annonces. Répondez aux questions.
(당신은 교외에 있는 집 또는 아파트를 빌리려고 한다. 이 광고물을 읽고 물음에 답하시오)

1) une maison [집]

maison individuelle [단독주택]	maison de retraite [양로원]

2) 명사 + à + 동사원형

maison à louer [셋집]	machine à écrire [타자기]

3) louer

[세놓다]	louer des chambres aux touristes [관광객들에게 방을 세주다]

4. la campagne

aller à la campagne [교외에 가다]	maison de campagne [별장]

본문내용 1

Appartement, 2 pièces, cuisine, salle de bains, WC, 4ème étage, ascenseur, Location été, Prix par semaine 600 euros.
Tél. : 01 48 83 45 12
아파트, 방 두개, 부엌, 욕실, 화장실, 5층, 엘리베이터 있음. 여름동안 세놓음, 일주일 가격 : 600 유로. 전화 : 01 48 83 45 12.

본문내용 2

Petit studio de 25 m² avec salon, 1 chambre, une douche avec WC, près du centre ville, 2ème étage. Location : l'hiver. Prix par semaine : 300 euros.
Tél : 01 78 54 20 45
25m²의 조그만 스튜디오, 거실, 방 하나, 화장실 딸린 샤워시설, 시내 가까이 위치, 3층. 겨울에 임대, 주당 가격 : 300 유로. 전화 : 01 78 54 20 45.

본문내용 3

Belle maison à louer. Capacité : 5 personnes au rez-de-chaussée : un grand salon (50 m²), une salle à manger, une cuisine, des toilettes, deux chambres et salle de bains. Au premier étage : trois chambres et une salle de bains. Un grand jardin, un garage. À 20 minutes du centre ville. Prix : 3500 euros par mois.
Tél : 01 47 58 25 12
아름다운 집 세놓음, 수용 인원 : 5명, 1층 : 큰 거실(50m²), 식당, 부엌, 화장실, 방 두 개와 욕실, 2층 : 방 세 개와 욕실, 넓은 정원, 주차장, 중심가에서 20분, 가격 : 한 달에 3500유로. 전화 : 01 47 58 25 12.

본문내용 4

Grd. appt. avec 3 chambres, salle de bains, salon. grde cuisine, Tout confort, très clair, dans beau quartier. Orientation : sud. Prix : 2000 euros par mois. Réservez au 01 75 84 52 25
큰 아파트, 방 세 개, 욕실, 거실, 큰 부엌, 아주 편리하며 조광 좋음, 좋은 지역 위치, 남향, 가격 : 한 달에 2000 유로. 01 75 84 52 25로 예약하세요.

1. Vous voulez louer un appartement de 01 à 06 août. À quel numéro téléphonez-vous? → 01 48 83 45 12
[당신은 8월 1일부터 6일까지 아파트를 빌리려고 한다. 어떤 번호로 전화를 해야 하는가?]

1) de A à B [A에서 B까지]

[장소]	de Paris à Nice [파리에서 니스까지]
[기간]	du matin au soir [아침부터 저녁까지]

2) 전치사를 취하는 간접타동사들

à	parler à Marie	[마리에게 말하다]
	penser à l'avenir	[미래에 대해 생각하다]
	obéir à la loi	[법에 따르다]
	téléphoner à Jean	[장에게 전화하다]
de	changer de chemise	[셔츠를 갈아입다]
	parler de l'accident	[사고에 대해 말하다]
	profiter de l'occasion	[기회를 이용하다]

2. Vous êtes cinq personnes et chacun veut sa chambre. À quel numéro téléphonez-vous? → 01 47 58 25 12
[당신들은 5명이고 각자 방을 쓰고 싶어 한다. 어떤 번호로 전화해야 하나?]

1) chacun
항상 단수로 쓰이며 사람 또는 사물을 나타낸다
Chacun a son défaut. [누구나 실수를 하기 마련이다]

2) 3인칭 단수의 소유형용사

남성단수	모음, 묵음 h 의 여성단수	여성 단수	남, 여 복수
son		sa	ses

3. Vous allez faire du ski pendant les vacances d'hiver et vous êtes tout seul. vous voulez que le prix de location ne dépasse pas 300 euros par semaine. À quel numéro téléphonez-vous? → 01 78 54 20 45
[당신은 겨울 휴가에 스키를 탈 것이고 혼자다. 빌리는 비용이 주당 300유로를 넘지 않기를 원한다. 어떤 번호로 전화를 해야 하는가?]

1) faire

je	fais	nous	faisons
tu	fais	vous	faites
il, elle	fait	ils, elles	font
[~하다]	Qu'est-ce que vous faites ici? [당신 여기서 뭐해요?]		
[운동]	faire du football, du tennis, du ski, de la gymnastique [체조]		

2) pendant [전치사]

+ 명사구	pendant quelques mois [몇달 동안]
que+ 절	Amusons-nous pendant nous sommes jeunes. [젊었을때 즐기자]

3) tout

[형용사]	toute la famille [온 가족] tout le temps [늘] toute la nuit [밤새]
[부 사]	tout près [아주 가까이에] Il est tout petit. [아주 작다]
[대명사]	L'argent n'est pas tout. [돈이 전부는 아니다]

예제 2

■ Exercice 2

Lire pour s'informer

Vous cherchez une maison ou un appartement à louer. Vous lisez ces annonces. Répondez aux questions.

1.

Paris – Montparnasse. À Vendre.
Studio 25 m² – 4ème étage.
Clair et très calme. 100 000 euros.
Tél : 01 30 87 08 00

2.

Nice. À Vendre.
Maison de village. 100 m² habitables.
+ grand jardin + garage
Ensoleillée. 150000 euros.
5 minutes de la mer
Tél : 04 93 10 10 40

3.

Montpellier. 10 minutes de la montagne. À Louer.
Dans bel immeuble ancien.
Appartement 3 pièces.
Cuisine équipée. 500 euros/mois.
Tél : 04 66 30 73 41

4.

Dans village de Provence. À Louer.
Juillet/août. Meublé.
Grande villa. Jardin. Piscine.
Au rez-de-chaussée : grand salon, salle à manger, cuisine, WC.
À l'étage : 4 chambres, WC, 2 salle de bains. Belle vue.
1500 euros/mois.
Tél : 04 32 50 01 01

1. Votre famille adore la mer et vous voulez acheter une maison au bord de la mer. À quel numéro téléphonez-vous?

2. Vous allez entrer à l'université Sorbonne IV l'année prochaine. À quel numéro téléphonez-vous?

3. Vous et votre copains aiment beaucoup la montagne et vous voulez louer un appartement pour passer vos vacances près de la montagne. À quel numéro téléphonez-vous?

4. Votre famille va louer une maison d'une grande espace pour passer les vacances d'été pendant deux mois. À quel numéro téléphonez-vous?

해석 및 풀이

Vous cherchez une maison ou un appartement à louer. Vous lisez ces annonces. Répondez aux questions.
(당신은 세 얻을 집 또는 아파트를 찾고 있다. 다음 광고를 읽고 물음에 답하시오)

본문내용 1

Paris-Montparnasse. À Vendre. Studio 25 m² - 4ème étage. Clair et très calme. 100000 euros. Tél : 01 30 87 08 00.
파리-몽빠르나스, 판매, 스튜디오 25m² - 5층. 조광이 좋고 매우 조용함. 100,000유로. 전화 : 01 30 87 08 00.

본문내용 2

Nice. À Vendre. Maison de village. 100 m² habitables. + grand jardin. + garage. Ensoleillée. 150 000 euros. 5 minutes de la mer. Tél : 04 93 10 10 40.
니스. 판매, 주택. 거주 가능 지역 100m². 넓은 정원 + 차고, 햇볕이 잘 들음. 150,000유로. 바다에서 5분 거리. 전화 : 04 93 10 10 40.

본문내용 3

Montpellier. 10 minutes de la montagne. À Louer. Dans bel immeuble ancien. Appartement 3 pièces. Cuisine équipée. 500 euros/mois. Tél : 04 66 30 73 41. 몽뻴리에. 산에서 10분 거리. 세 줌. 오래된 아름다운 건물. 방 3개 아파트. 부엌 장비 일체 완비. 500유로/월. 전화 : 04 66 30 73 41.

본문내용 4

Dans village de Provence. À Louer. Juillet/août. Meublé. Grande villa. Jardin. Piscine. Au rez-de-chaussée : grand salon, salle à manger, cuisine, WC. À l'étage : 4 chambres, WC, 2 salle de bains. Belle vue. 1500 euros/mois. Tél : 04 32 50 01 01. 프로방스 마을 내. 세 줌. 7/8월 가구 완비. 넓은 빌라. 정원. 수영장. 1층 : 넓은 거실, 식당, 부엌, 화장실. 각 층 : 방 4개, 화장실, 욕실 2개. 전망 좋음. 1500유로/월. 전화 : 04 32 50 01 01.

1. Votre famille adore la mer et vous voulez acheter une maison au bord de la mer. À quel numéro téléphonez-vous? → 04 93 10 10 40
[당신의 가족은 바다를 아주 좋아하고 바닷가 근처에 집을 사고 싶어 한다. 어떤 번호로 전화를 해야 하는가?]

1) 2인칭 복수의 소유형용사

단수	복수
votre	vos

2) 기호도를 나타내는 표현들

j'aime	j'aime beaucoup (bien)	j'adore	
je n'aime pas (beaucoup, bien)		je n'aime pas du tout	je déteste

3) acheter : -er 로 끝나는 1군동사의 불규칙 변화

j'	achète	nous	achetons
tu	achètes	vous	achetez
il, elle	achète	ils, elles	achètent
[~을 사다]	Il achète cette maison. [그는 이 집을 산다]		

2. Vous allez entrer à l'université Sorbonne IV l'année prochaine. À quel numéro téléphonez-vous? → 01 30 87 08 00
[당신은 내년에 소르본느 4대학에 입학할 것이다. 어느 번호로 전화 하겠는가?]

1) entrer

[들어가다]	entrer à l'école [입학하다] entrer dans la chambre [방에 들어가다]

2) une année

[해, 년]	nouvelle année [새해] Bonne année! [새해 복 많이 받으세요!]

3) prochain(e)

[가까운]	Où est la poste prochaine? [가까운 우체국이 어디에요?]
[다음의]	l'année prochaine [다음 해에] à la prochaine fois [다음 번에]

3. Vous et votre copains aiment beaucoup la montagne et vous voulez louer un appartement pour passer vos vacances près de la montagne. À quel numéro téléphonez-vous? → 04 66 30 73 41
[당신과 당신 친구들은 산을 아주 좋아하고 산 근처에서 휴가를 보내기 위해 아파트를 빌리려고 한다. 어떤 번호로 전화 하겠는가?]

1) 남성과 여성의 형태가 구분되는 명사들

남성	여성	남성	여성
copain [남자친구]	copine	roi [왕]	reine
mari [남편]	femme [아내]	neveu [조카]	nièce

2) près

[가까이]	Il habite près de chez moi. [그는 내 집 가까이 살고 있다] à peu près [대략, 거의]

4. Votre famille va louer une maison une grande espace pour passer les vacances d'été pendant deux mois. À quel numéro téléphonez-vous? → 04 32 50 01 01
[당신의 가족은 두 달 동안 여름휴가를 보내기 위해 넓은 공간이 있는 집을 빌리려고 한다. 어떤 번호로 전화 하겠는가?]

1) grand(e)

[큰]	grands yeux [큰 눈]	grande ville [대도시]
[위대한]	grand homme [위인]	grand poète [위대한 시인]

2) en

[기간]	en hiver [겨울에]
[장소]	passer ses vacances en Bretagne [브르타뉴에서 휴가를 보내다]
[방법]	voyager en avion [비행기로 여행하다]

3) 단수와 복수의 형태가 동일한 명사들

-s	pays	[고장]	mois	[月]
-x	voix	[목소리]	paix	[평화]
-z	nez	[코]	gaz	[가스]

2. 여행 동반자를 찾는 광고

예제 1

■ Exercice 2

Lire pour s'informer

Lisez ces annonces. Répondez aux questions.

1.

Urgent. Paris-Bordeaux
Cherche passager pour Bordeaux en échange du partage des frais d'essence. Départ le 16 juin, 9 heures en Renault 21.
Laissez un message pour Durand sur le panneau ou téléphonez au : 01 86 57 23 89

2.

Cherche voiture pour Nice, fin juillet de préférence.
Sur prêt à partager les frais.
Téléphoner à Jean-Pierre au 01 43 56 37 22 le soir de préférence.

3.

Cherche voiture pour Paris, en échange du partage des frais d'essence. Départ le 12 février, 06 heures.
Laissez un message pour Céline sur le panneau.

4.

Urgent.
Cherche deux étudiantes pour Marseille sur prêt partager les frais. Départ le 14 juillet, 11 heures en Peugeot 306.
Téléphonez à Marie 01 48 83 96 58 le matin de préférence.

1. Le 17 juin, c'est l'anniversaire de votre frère et vous devez aller à Bordeaux. Mais il n'y a plus de place dans le train et l'avion est trop cher. À qui téléphonez-vous?

2. Vous habitez à Angers et ça prend 4 heures pour aller à Paris. Vous avez un rendez-vous très important à Paris à 17 heures le 12 février. Le TGV est trop cher. Alors, quelle annonce écrivez-vous?

3. Anne et Brigitte sont des étudiantes de l'université Paris Sorbonne IV. L'oncle de Brigitte a une maison au bord de la mer. Alors, il a proposé à Brigitte et son amie de passer les vacances d'été chez lui. Comme elles sont étudiantes, elles n'ont pas assez d'argent pour prendre le TGV. À quel numéro téléphonent-elles?

해석 및 풀이

본문내용 1

Urgent. Paris-Bordeaux. Cherche passager pour Bordeaux en échange du partage des frais d'essence. Départ le 16 juin, 9 heures en Renault 21. Laissez un message pour Durand sur le panneau ou téléphonez au : 01 86 57 23 89.
급구. 파리-보르도. 보르도까지 기름 값을 나누어서 같이 갈 동승자를 구합니다. 출발은 6월 16일 9시이고 차종은 르노 21입니다. 안내판에 뒤랑에게 메모를 남겨주거나 01 86 57 23 89 로 연락주세요.

1) urgent(e) [une urgence : 긴급]

en cas d'urgence [긴급한 경우]	secours urgents [긴급구호]	Urgent [편지 :지급]

2) chercher

[찾다]	Je vous ai cherché partout. [당신을 찾아 사방팔방을 다녔다]
[구하다]	chercher un mot dans le dictionnaire [사전에서 단어를 찾다]
[애쓰다]	Il cherche à comprendre ce que tu dis. [네가 한 말을 이해하려 애쓴다]]

3) le passager

[배, 비행기의 승객]	équipage et passagers [승무원과 승객]

4) en échange de [~대신]
Il m'a donné un tableau en échange de ce livre rare.
[그는 희귀한 책 대신에 그림을 주었다]

5) le partage

[나누기, 분배]	partage d'une fortune, des bénéfices [재산분배, 이익분배]

6) des frais

[비용, 지출]	frais de transport [교통비] frais de voyage [여비]

7) essence

[본질]	par essence [본질적으로]
[휘발유]	poste d'essence [주유소]

8) le départ

[출발]	jour (heure) du départ[출발날짜 (시간)] retarder son départ [출발 연기하다]
[발차]	tableau des départs [출발 시간표] quai du départ [발차 플랫폼]

9) laisser

[남기다]	Il m'a laissé sa nouvelle adresse.[그는 내게 새 주소를 주었다]
[~하게 두다]	Il a laissé Jean partir. [그는 장이 떠나게 놔 두었다]

10) le panneau

[안내, 게시판]	panneau d'affichage [포스터 게시판]

본문내용 2

Cherche voiture pour Nice, fin juillet de préférence. Sur prêt à partager les frais. Téléphoner à Jean-Pierre au 01 43 56 37 22 le soir de préférence.
7월 말에 니스로 떠나는 차를 찾고 있습니다. 비용을 나눌 생각입니다. 장 삐에르에게 01 43 56 37 22로 전화주시구요 저녁이면 더 좋습니다.

1) une voiture

[자동차]	avoir sa voiture [자동차가 있다] voiture de sport [스포츠카]

2) la fin

[기간의 끝]	avant la fin de mai [5월 말에] à la fin du mois [월말에]
[끝 부분]	la fin d'autoroute [고속도로의 종점]

3) la préférence [préférer]

[기호]	avoir une préférence qch [~을 좋아하다]
[선택하다]	préférer A à B [B 보다는 A 를 선호한다]

4) prêt

[준비된]	Je suis prêt(e) à faire ce voyage. [난 여행 준비가 됐어]

본문내용 3

Cherche voiture pour Paris, en échange du partage des frais d'essence. Départ le 12 février, 06 heures. Laissez un message pour Céline sur le panneau.
기름 값을 나누는 조건으로 파리까지 갈 자동차를 찾음. 출발 2월 12일 6시. 게시판에 쎌린에게 메모 남겨주세요.

본문내용 4

Urgent. Cherche deux étudiantes pour Marseille sur prêt partager les frais. Départ le 14 juillet, 11 heures en Peugeot 306. Téléphonez à Marie 01 48 83 96 58 le matin de préférence.
급구. 비용을 나눌 생각이 있는 마르세이유로 가는 두 여학생을 구함. 출발 7월 14일, 11시며 차종은 푸조 306임. 01 48 83 96 58로 마리에게 전화주시구요 가능하면 아침에 전화요.

1) 교육 과정

le collège [중학교]	le lycée [고등학교]	l'université [대학교]
collégien(ne) [중학생]	lycéen(ne) [고등학생]	étudiant(e) [대학생]

2)연독

[t]	d	Il y a un grand arbre dans le jardin. [정원에 큰 나무가 있다]
	t	C'est un petit enfant. [그는 작은 아이이다]
[z]	s	Il aime beaucoup ses amis. [그는 친구들을 많이 좋아한다]
	x	Il a deux hôtels. [그는 두 개의 호텔을 가지고 있다]
[v]	f	Il est neuf heures. [9시다]

1. Le 17 juin. c'est l'anniversaire de votre frère et vous devez aller à Bordeaux. Mais il n'y a plus de place dans le train et l'avion est trop cher. À qui téléphonez-vous? → Durand
[6월 17일은 당신 동생의 생일이고 당신은 보르도에 가야 한다. 그러나 기차는 자리가 없고 비행기는 너무 비싸다. 누구에게 전화를 해야 하는가?]

1) 가족을 나타내는 어휘들

남성	여성	남성	여성
grand-père [할아버지]	grand-mère [할머니]	père [아버지]	mère [어머니]
frère [형제]	sœur [자매]	oncle [삼촌]	tante [숙모]
cousin [사촌]	cousine	mari [남편]	femme [아내]
garçon, fils [아들]	fille [딸]	papa [아빠]	maman [엄마]

2) devoir

je	dois	nous	devons
tu	dois	vous	devez
il, elle	doit	ils, elles	doivent
[+ 동사원형 : ~해야 한다]		Je dois partir demain. [나는 내일 떠나야만 해]	

3) 비인칭구문의 il

[시간]	Quelle heure est-il?	Il est dix heures.
[날씨]	Quel temps fait-il?	Il fait beau, mauvais.
[Il y a]	Il y a un livre sur la table.	

4) ne ~ plus : encore [아직도] 의 부정으로 [더 이상 ~아니다]

Vous avez encore faim? [아직도 배가 고프십니까?]	Non, je n'ai plus faim. [아니오, 더 이상 고프지 않아요]

5) 부정의 de

Il y a + 부정관사 + 명사 → Il n'y a pas (plus) + de + 명사

Il y a un oiseau sur l'abre. → Il n'y a pas (plus) d'oiseau sur l'arbre.

6) la place

[자리]	Mettez ces livres à leurs places. [이 책들을 제자리에 두세요]
[좌석]	prix des places [좌석료] place vide(occupée) [빈(주인이 있는)자리]
[광장]	L'hôtel de ville se trouve sur la place du village. [시청은 마을 광장에 위치해 있다]

2. Elle habite à Angers et ça prend 4 heures pour aller à Paris. Elle a un rendez-vous très important à Paris à 17 heures le 12 février. Le TGV est trop cher. Alors, quelle annonce écrivez-vous? → 3번
[그녀는 앙제에 살고 있고 파리까지 가는데 4시간이 걸린다. 그녀는 2월 12일 17시에 파리에서 매우 중요한 약속이 있다. 고속철도는 너무 비싸다. 그렇다면, 당신은 어떤 광고를 내겠습니까?]

1) habiter

[살다, 거주하다]	Où habitez-vous? [어디 사세요?] J'habite à Nice. [니스요]

2) ça : 구어로 cela 의 단축형

[사물]	Donnez-moi ça! [그것을 나에게 주세요!]
[비인칭 주어]	Comment ça va? [어떻게 지내?] Ça y est. [됐어]

3) important(e)

[중요한]	question importante [중요한 문제]
	Il est important de + 동사원형 [~하는 것은 중요하다]
[막대한]	somme importante [막대한 금액]

4) cher(ère)

[사랑하는]	Cher monsieur [편지의 서두]
[비싼]	La vie est chère à Paris. [생활비가 파리는 비싸다]

3. Anne et Brigitte sont des étudiantes de l'université Paris Sorbonne IV. L'oncle de Brigitte a une maison au bord de la mer. Alors, il a proposé à Brigitte et son amie de passer les vacances d'été chez lui. Comme elles sont étudiantes, elles n'ont pas assez d'argent pour prendre le TGV. À quel numéro téléphonent-elles? → 01 48 83 96 58
[안느와 브리지뜨는 파리 소르본느 4대학 학생들이다. 브리지뜨의 삼촌은 바닷가 근처에 집이 있는데, 브리지뜨와 그녀의 친구에게 여름 방학 때 그의 집에서 지내라고 제안했다. 그녀들은 학생들이기 때문에 고속전철을 타기에는 돈이 충분하지 않다. 어디에 전화를 해야 할까?]

1) au bord de [-가, 기슭]

2) passer [타동사]

[건너다]	passer le pont [다리를 건너다]
[(시험을) 치르다]	passer un examen [시험을 치르다]
[보내다]	passer ses vacances à la mer [휴가를 바다에서 보내다]

3) 부정의 de

주어 + 타동사 + 부정관사 + 직접목적어

⇓

주어 + ne + 타동사 + pas + de + 직접목적어

Il a une voiture. → Il n'a pas de voiture.

4) assez

[충분히]	Tu as assez travaillé. [너는 충분히 일했어]
[꽤]	J'ai vu Marie assez souvent. [마리를 꽤 자주 봤어]

예제 2

■ Exercice 2

Lire pour s'informer

Lisez ces annonces. Répondez aux questions

1.

Je m'appelle Pierre.
J'ai 24 ans et je suis français.
Je suis étudiant et j'habite à Paris.
Je vais voyager en Corée pendant les vacances d'été alors, je cherche un coréen pour apprendre le coréen.
Téléphonez-moi au :
01 45 77 88 20

2.

Salut ! Je m'appelle Marie.
J'ai 21 ans et je suis étudiante.
J'ai trouvé un petit appartement dans le 16e arrondissement mais c'est trop cher pour moi.
Alors, je cherche une fille qui veut partager cet appartement avec moi.
Téléphonez-moi au :
01 48 56 24 10

3.

Bonjour!
Je suis Isabelle. J'ai 28 ans et je travaille dans une banque.
Comme je travaille cinq jours par semaine, j'ai beaucoup de temps le week-end.
Alors, je cherche un homme qui veut passer un bon moment avec moi le week-end.
Je suis sportive et j'adore le cinéma.
Contactez le : 04 12 96 58 32.

1. Vous êtes coréen et vous aimez la France. Vous voulez rencontrer des français. D'ailleurs, vos parents partent en vacances d'été en Europe. À qui téléphonez-vous?

2. Vous êtes infirmier et vous travaillez dans un hôpital. Vous soignez des malades tous les jours et vous êtes trop fatigué. En plus, vous regardez la télé toute la journée pendant le week-end et vous avez besoin de faire du sport pour votre santé. Vous cherchez quelqu'un qui peut faire du sport avec vous. À qui téléphonez-vous?

해석 및 풀이

본문내용 1

Je m'appelle Pierre. J'ai 24 ans et je suis français. Je suis étudiant et j'habite à Paris. Je vais voyager en Corée pendant les vacances d'été alors, je cherche un coréen pour apprendre le coréen.
Téléphonez-moi au : 01 45 77 88 20.
내 이름은 삐에르입니다. 24살이고 프랑스인입니다. 나는 학생이고 파리에 살고 있습니다. 나는 여름방학 동안 한국을 여행할 것이어서 한국어를 배우기 위해 한국인을 찾고 있습니다. 01 45 77 88 20으로 연락 주십시오.

1) 이름을 묻는 표현

Comment vous appelez-vous?	Je m'appelle X.
Quel est votre nom?	

2) 나이를 묻는 표현

Quel âge avez-vous?	J'ai 숫자 ans.

3) 국적을 묻는 표현

Quelle est votre nationalité?	Je suis coréen(ne).
Vous venez d'où?	Je viens de la Corée.

4) 직업이나 신분을 묻고 답하는 구문

Quelle est votre profession?	Je suis professeur.
Qu'est-ce que vous faites (dans la vie)?	

▸ 제 삼자의 직업이나 신분을 나타내는 표현

주어 + être + 무관사 명사	Il est étudiant.
C'est (ce sont) + 관사 + 명사	C'est un étudiant.

5) aller + 동사원형 : 근접미래 [곧 ~할 것이다]
Il va venir. [그는 곧 올거야]

6) 나라를 나타내는 명사들의 성과 전치사

-e 로 끝나면 여성, 그렇지 않으면 남성			
en Chine [중국]	en Corée [한국]	au Japon [일본]	en Italie [이탈리아]

본문내용 2

Salut! Je m'appelle Marie. J'ai 21 ans et je suis étudiante. J'ai trouvé un petit appartement dans le 16e arrondissement mais c'est trop cher pour moi. Alors, je cherche une fille qui veut partager cet appartement avec moi. Téléphonez-moi au : 01 48 56 24 10

안녕! 내 이름은 마리야. 나는 21살이고 학생이지. 16구에 조그마한 아파트를 구했는데 내게는 너무 비싸. 그래서 나와 함께 이 아파트를 같이 쓸 여자를 찾고 있어. 01 48 56 10으로 연락줘.

1) 인사말

만났을 때	Salut	Bonsoir			
헤어질 때		Au revoir	À bientôt	À tout à l'heure	Bonne nuit

2) petit(e)

[키가 작은]	petite maison [작은 집] Il est petit. [그는 키가 작다]
[규모가 작은]	petite somme d'argent [몇푼 아닌 돈] un petit moment [잠깐]
[애칭: 귀여운]	mon petit gars [얘야]

3) 관계 대명사 qui

[사람, 사물]	Je cherche quelqu'un qui sait parler français. [나는 프랑스어를 할 줄 아는 사람을 찾는다]
[강조 구문]	C'est vous qui me l'avez dit. [내게 그것을 말한 것은 당신이에요]

4) 강세인칭대명사

<table>
<tr><th colspan="2">주어</th><th colspan="2">강세</th><th colspan="2">주어</th><th colspan="2">강세</th></tr>
<tr><td colspan="2">je</td><td colspan="2">moi</td><td colspan="4">nous</td></tr>
<tr><td colspan="2">tu</td><td colspan="2">toi</td><td colspan="4">vous</td></tr>
<tr><td>il</td><td>elle</td><td>lui</td><td>elle</td><td>ils</td><td>elles</td><td>eux</td><td>elles</td></tr>
</table>

a) et 와 함께 : Toi et moi, nous allons travailler ensemble. [너와 나는 함께 일할꺼야]

b) 전치사와 함께 : Tu peux venir chez moi? [우리 집에 올 수 있니?]

본문내용 3

Bonjour! Je suis Isabelle. J'ai 28 ans et je travaille dans une banque. Comme je travaille cinq jours par semaine, j'ai beaucoup de temps le week-end. Alors, je cherche un homme qui veut passer un bon moment avec moi le week-end . Je suis sportive et j'adore le cinéma. Contactez le : 04 12 96 58 32.

안녕하세요! 나는 이자벨입니다. 28살이고 은행에서 일하고 있어요. 일주일에 5일을 근무하기 때문에 주말에 시간이 많아요. 그래서 주말에 저와 함께 좋은 시간을 보낼 남자를 찾고 있습니다. 나는 활동적이고 영화를 아주 좋아합니다. 04 12 96 58 32로 연락주세요.

1) travailler

[일하다]	Il travaille dans un hôpital. [그는 병원에서 근무합니다]
[공부하다]	Paul travaille très tard à la bibliothèque. [뽈은 매우 늦게까지 공부한다]

2) la banque

[은행]	ouvrir un compte en banque [은행에 구좌를 개설하다]

3) comme

[이유 : ~때문에]	Comme il est gentil, il pourra m'aider avec plaisir. [그는 친절하기 때문에 나를 기꺼이 도울 거야]
[자격 : ~로서]	Elle travaille comme secrétaire. [그녀는 비서로 일한다]
[감탄문]	Comme elle est belle! [그녀는 정말 예쁘군!]

1. **Vous êtes coréen et vous aimez la France et vous voulez rencontrer des français. D'ailleurs, vos parents partent en vacances d'été en Europe. À qui téléphonez-vous? → Pierre**
[당신은 한국사람이고 서울에 살고 있다. 당신은 프랑스를 좋아하고 프랑스인을 만나고 싶어 한다. 게다가, 당신 부모는 여름 방학 때 유럽으로 떠난다. 누구에게 전화 하겠는가?]

1) partir

je	pars	nous	partons
tu	pars	vous	partez
il, elle	part	ils, elles	partent
[떠나다]	partir en voyage [여행을 떠나다]		

2) rester

[머무르다]	Il reste chez son ami.	[그는 친구 집에 머무르고 있다]
[남아있다]	Il reste encore du temps.	[아직 시간이 남아 있어요]

3) seul

[명사 앞 : 유일한]	une seule fois [단 한번의] un seul ami [유일한 친구]
[명사 뒤 : 혼자의]	un homme seul [고독한 사람]

2. Vous êtes infirmier et vous travaillez dans un hôpital. Vous soignez des malades tous les jours et vous êtes trop fatigué. En plus, vous regardez la télé toute la journée pendant le week-end et vous avez besoin de faire du sport pour votre santé. Vous cherchez quelqu'un qui peut faire du sport avec vous. À qui téléphonez-vous? → Isabelle
[당신은 간호사이고 병원에서 일한다. 매일 환자들을 돌보며 매우 피곤하다. 게다가 당신은 주말 동안 내내 TV만 시청하고 건강을 위해 운동을 해야 할 필요가 있다. 당신은 당신과 함께 운동을 할 수 있는 사람을 찾고 있다. 누구에게 전화 하겠는가?]

1) 명사의 여성형

-er → -ère	épicier → épicière [식료품가게 주인] boulanger → boulangère [빵가게 주인]

2) 명사의 복수형

-al → -aux	travail → travaux [일] cheval → chevaux [馬]

3)

fatigué [피곤한]	Je suis fatigué. [나는 피곤해]
fatiguer [피곤하게 하다]	Il me fatigue. [그는 나를 피곤하게 해]

4) avoir besoin de

+ 명사	J'ai besoin de l'argent. [나는 돈이 필요해]
+ 동사원형	Tu n'as pas besoin de venir. [너는 올 필요가 없어]

5) quelqu'un : 남성 또는 여성의 사람을 나타낸다
Est-ce qu'il y a quelqu'un? [누구 있습니까?]
Quelqu'un est venu te voir. [어떤 사람이 너를 보러 왔어]

3. 사람을 구하는 광고

예제 1

■ Exercice 2

Lire pour s'informer

Lisez ces annonces. Répondez aux questions

1.

> Cherche quelqu'un qui a une expérience dans le domaine de commerce, libre de suite.
> Permis de conduire indispensable.
> Plus de 35 ans.

2.

> Agence de voyages cherche secrétaire parlant français et italien. Compétence en information requises. Grande disponibilité indispensable (Nombreux voyages à l'étranger).

3.

> Cherche spécialiste d'informatique jeune et dynamique parlant couramment anglais, pour organiser notre réseau international.
> Moins de 28 ans.
> Niveau baccalauréat.

1. Vous avez 24 ans et vous avez étudié le système informatique à l'université. Vous savez parler couramment anglais et allemand. Quelle annonce vous concerne?

2. Vous ne travaillez pas pour le moment mais vous avez travaillé dans une grande entreprise pendant 6 ans. Donc vous avez déjà fait de l'expérience dans le domaine de commerce. Vous avez une permis de conduire et vous avez 38 ans. Quelle annonce vous concerne?

3. Vous êtes très fort(e) en informatique. Vous avez envie de travailler dans une compagnie qui donne l'occasion de visiter beaucoup de pays étrangers. Vous parlez français, japonais et italien. Quelle annonce vous concerne?

해석 및 풀이

본문내용 1

Cherche quelqu'un qui a une expérience dans le domaine de commerce, libre de suite. Permis de conduire indispensable. Plus de 35 ans.
무역 계통에서 경험이 있는 사람을 찾고 있습니다. 즉시 일할 수 있는 사람이며 운전 면허증은 필수입니다. 나이는 35세 이상입니다.

1) chercher

[~을 찾다]	Il cherche sa clé. [그는 열쇠를 찾는다]
	Il est venu me chercher. [그는 나를 찾으러 왔다]
[à + 동사원형]	J'ai cherché à vous téléphoner. [당신께 전화를 하려고 했어요]

2) quelqu'un

[불특정인]	Quelqu'un vous demande en bas. [어떤 사람이 아래서 당신을 찾아요]
[그 사람]	quelqu'un qui vous aime et que vous connaissez bien [당신을 좋아하고 당신이 잘 아는 사람]

3) une expérience

[체험, 경험]	C'est une bonne expérience pour moi. [내게는 좋은 경험이야]
[실험]	faire expérience d'un remède [화학 실험을 하다]

4) la commerce

[상업, 거래]	faire du commerce [상업에 종사하다] commerce en détail [소매업]
	marchandise hors commerce [비매품]

5) libre

[자유로운]	accès libre [출입자유] Vous êtes libre d'accepter ou de refuser. [승락하건 거부하건 당신 마음이에요]
[비어있는]	taxi vide [빈 택시] Je suis libre ce soir. [오늘 저녁 시간 있어요]

본문내용 2

Agence de voyages cherche secrétaire parlant français et italien. Compétence en information requises. Grande disponibilité indispensable(Nombreux voyages à l'étranger).
여행사에서 프랑스어와 이탈리아어를 말할 줄 아는 비서를 찾습니다. 필요한 부분의 지식이 풍부한 사람이며 여행에 결격사유가 없는 사람이어야 합니다(외국으로 많은 여행을 해야 함).

1) une agence

[대리점, 지점]	agence	de placement [직업소개소]
		immobilière [부동산]

2) le voyage

[여행]	voyage en avion [비행기 여행]	voyage organisé [단체여행]

▸ 명사의 어미에 따른 남성명사의 구분

남성	-age	le fromage[치즈]	le courage[용기]	le cage[새장]
	-ail	le travail[일]	le bail[임대계약]	le vitrail[유리창]
	-al	l'animal[동물]	le journal[신문]	le canal[운하]
	-eil	le soleil[태양]	l'appareil[기구]	l'accueil[환대]
	-ier	l'épicier[식료품주인]	le fermier[농부]	la pâtissier[과자제조인]
	-in	le gamin[남자아이]	le matin[아침]	le vin[포도주]
	-is	le bois[숲]	le pois[무게]	le tapis[양탄자]
	-isme	le communisme[공산주의]		le capitalisme[자본주의]
	-ment	l'appartement[아파트]	le médicament[의약품]	le bâtiment[건물]
	-oir	le couloir[복도]	le miroir[거울]	le soir[저녁]

3) indispensable

[필수불가결한]	condition indispensable pour réussir [성공을 위한 필수 조건]

본문내용 3

Cherche spécialiste d'informatique jeune et dynamique parlant couramment anglais, pour organiser notre réseau international. Moins de 28 ans. Niveau baccalauréat.

우리 회사의 국제 조직망을 구축하기 위한 영어를 원활히 구사할 수 있는 젊고 의욕있는 정보 전문가를 찾습니다. 나이는 28살 이하이며 학력은 대학자격시험에 준하는 자.

1) 남성과 여성의 형태가 동일한 자주 쓰이는 형용사들

facile [쉬운]	difficile [어려운]	jeune [젊은]	jaune [노란 색의]
rouge [붉은]	sympatique [상냥한]	agréable [안락한]	magnifique [훌륭한]
confortable [편안한]		nécessaire [필요한]	

2) 현재 분사 (participe présent) : + -ant

형용보통 품질형용사처럼 명사의 특성을 나타낸다. 이 경우, 명사와 성과수에서 일치한다

Ses yeux brillants disent la vérité. [그의 반짝이는 눈은 진실을 말한다]

un portefeuille contenant 2000 euros [2000유로가 들어있는 지갑]

3) 파생부사

접미사가 -ent 또는 -ant 로 끝나는 형용사에 대한 파생부사들		
-ent	-emment	prudent [신중한] → prudemment
		évident [명백한] → évidemment
-ant	-amment	courant [흔한] → couramment
		constant [끊임없는] → constamment

4) moins

[peu의 비교급]	Il fait moins chaud aujourd'hui. [오늘은 덜 덥다]
[~que 와 함께]	Elle est moins belle que sa mère. [그녀는 엄마보다 덜 아름답다]
[de + 명사]	Ça demandera moins d'argent. [그게 돈이 덜 들꺼야]

1. Vous avez 24 ans et vous avez étudié le système informatique à l'université. Vous savez parler couramment anglais et allemand. Quelle annonce vous concerne? → [3]
[당신은 24살이고, 대학에서 정보체계를 공부했다. 영어와 독일어를 유창하게 말한다. 어떤 광고가 당신과 관계가 있겠는가?]

1) université

école primaire [초등학교] collège [중학교] lycée [고등학교] université [대학교]
écolier(ère) collégien(nne) lycéen(ne) étudiant(e)

2) une annonce

[통지]	faire l'annonce de qch [~을 발표하다]
[광고]	annonce publicitaire [선전광고] petites annonces [구인, 구직광고]

3) conerner

[3인칭으로만 사용]	Cela ne me concerne pas. [그건 나완 상관없어]

2. Vous ne travaillez pas pour le moment mais vous avez travaillé dans une grande entreprise pendant 6 ans. Donc vous avez déjà fait de l'expérience dans le domaine de commerce. Vous avez une permis de conduire et vous avez 38 ans. Quelle annonce vous concerne? → [1]
[당신은 지금은 일을 하고 있지 않지만 6년 동안 대기업에서 일을 했다. 그래서 상업분야에서는 이미 경험을 가지고 있다. 당신은 운전면허증을 가지고 있고 38살이다. 어떤 광고와 관계 있는가?]

1) pendant

- 지속성을 나타내는 명사가 뒤에 올 수 있다

  Qu'est-ce que tu vas faire pendant les vacances?
  [방학 동안에 뭐할꺼니?]

- 전치사는 다음과 같은 경우 사용되지 않을 수 있다
  a) 보어가 숫자인 경우
  J'ai dormi pendant deux heures. J'ai dormi deux heures.
  [나는 두 시간 동안 잠을 잤다]
  b) 보어가 시간을 나타내는 표현인 경우, 형용사 tout(e) 가 지속성을 강조할 때
  Il a travaillé (pendant) toute la nuit. [그는 밤새 일을 했다]
  Il a pleuré (pendant) toute la journée. [그는 하루 종일 울었다]

- pendant 과 pour를 혼동하지 말 것
  Il a travaillé pendant vingt ans dans cette compagnie.
  [그는 이 회사에서 20년 동안 일했다 : 20년 동안 일을 했고 이제는 일을 하지 않는다]
  Je lui ai demandé de travailler avec moi pour un ans.
  [나는 그에게 일년 동안 나와 일을 하자고 요구했다 : 예정]

- en 과 pendant 의 차이
  Le bébé s'en endormi en cinq minutes. [아기는 5분이 지나자 잠이 들었다]
  Le bébé a dormi pendant dix heures. [아기는 10시간 동안 잠을 잤다]

2) déjà

[이미]	Il est déjà midi. [벌써 정오야]
[전에]	Je te l'ai déjà dit. [내가 전에 그것을 네게 말했잖아]

3. **Vous êtes très fort(e) en informatique. Vous avez envie de travailler dans une compagnie qui donne l'occasion de visiter beaucoup de pays étrangers. Vous parlez français, japonais et italien. Quelle annonce vous concerne? → [2]**
[당신은 정보계통을 매우 잘합니다. 당신은 많은 외국나라를 방문할 수 있는 기회를 제공해주는 회사에서 일을 하고 싶습니다. 당신은 프랑스어와 일본어 그리고 이탈리아어를 할 줄 압니다. 어떤 광고와 관련있습니까?]

1) fort(e)

[힘센]	être fort comme un Turc	[힘이 아주 세다]
[뛰어난]	élève fort en français	[프랑스어에 뛰어난 학생]
[효력이 좋은]	remède fort	[효력이 탁월한 약]
[맛이 강한]	Ce piment est très fort.	[이 고추는 무척 맵다]

2) beaucoup : 양(quantité)과 강도(intensité)를 나타내는 부사들

많이	충분히	강하게	거의	너무
beaucoup	assez	fort	presque	trop

Il mange beaucoup. [그는 많이 먹는다]
Il aime beaucoup le football. [그는 축구를 매우 좋아한다]
Il travaille trop. [그는 너무 일을 한다]

3) le pays

[나라]	pays agricole [농업국]	pays développé [개발도상국]
[지방, 고향]	pays chaud [열대지방]	quitter son pays [고향을 떠나다]

예제 2

■ Exercice 2

Lire pour s'informer

Lisez ces annonces. Répondez aux questions

1.

Jeune fille, 22 ans,
blonde, sportive, infirmière,
cherche homme, 25/30 ans, sérieux,
sincère, en vue mariage.

2.

Homme 50 ans, paraissant 40,
retraité, 3000 euros revenus mensuels,
belle maison à la campagne avec
piscine, cherche compagne 30/35 ans
pour projets communs.

3.

Jeune homme, 19 ans, 1 m 85,
blond, actif, étudiant en médecine,
aimerait rencontrer jeune fille même
âge, douce et féminine.

1. Vous avez 30 ans et vous adorez le football et le tennis. Vous êtes célibataire et vous voulez sincèrement vous marier. Vous cherchez quelqu'un qui a un travail plutôt stable. Vous vous intéressez à quelle annonce?

2. Vous êtes étudiante et vous avez du caractère calme. Vous n'aimez pas beaucoup le sports et vous cherchez un jeune homme très grand. Vous vous intéressez à quelle annonce?

3. Vous avez 35 ans et divorcée. Vous cherchez quelqu'un plus âgé que vous. Vous voulez une vie stable et pour cela, vous aimeriez trouver quelqu'un qui mène une vie stable concernant le pouvoir d'économie. Vous vous intéressez à quelle annonce?

해석 및 풀이

본문내용 1

Jeune fille, 22 ans, blonde, sportive, infirmière, cherche homme, 25/30 ans, sérieux, sincère, en vue mariage.
22살이며 금발에 운동을 좋아하는 간호사인 젊은 여자로 결혼에 대해 진지하고 신중한 25세에서 30세의 남자를 찾습니다.

1) 색깔을 나타내는 형용사들

blanc(he) [흰]	noir(e) [검은]	jaune [노란 색의]	vert(e) [녹색의]
bleu(e) [푸른 색의]	blond [금발의]	brun [갈색의]	rouge [붉은 색의]

2) 형용사의 여성형

-f	-ve	actif → active [활동적인]	neuf → neuve [새로운]
		sauf → sauve [안전한]	vif → vive [생생한]

3) 명사의 여성형

-er	-ère	boulanger : boulangère [빵가게 주인]	épicier : épicière[식료품가게 주인]

4) 형용사의 여성형

-x	-se	ambitieux → ambitieuse [야망의] jaloux → jalouse [질투심의]
		paresseux → paresseuse [게으른]

5) 형용사의 여성형

-er	-ère	léger → légère [가벼운] cher → chère [친애하는]
		premier → première [첫번째의] fier → fière [자부심의]

본문내용 2

Homme 50 ans, paraissant 40, retraité, 3000 euros revenus mensuels, belle maison à la campagne avec piscine, cherche compagne 30/35 ans pour projets communs.
40살로 보이는 50세의 남자로 정년퇴직을 하였고 한달 수입은 3천 유로이며 수영장이 딸린 야외에 아름다운 집을 가진 남자로서 앞으로의 삶의 설계를 함께 할 30에서 35세의 여성을 찾습니다.

1) paraître

[나타나다]	L'acteur paraît sur la scène. [배우가 무대에 나타난다]
[~인 것 같다]	Il ne paraît pas très intelligent. [그는 그다지 똑똑한 것 같지 않다]
[비인칭 구문]	Il paraît que vous avez tort. [당신이 틀린 것 같아요]

2) la retraite

[퇴직]	maison de retraite [양로원] être à la retraite [퇴직하고 있다]

3) le revenu

[연수입, 소득]	Il a de gros revenus. [그는 막대한 소득이 있다]

4) la compagne

[여자동무, 아내]	compagne de classe [학급 여 동급생] compagne de voyage [동행]

본문내용 3

Jeune homme, 19 ans, 1 m 85, blond, actif, étudiant en médecine, aimerait rencontrer jeune fille même âge, douce et féminine.
나이 19세이고 키 185cm에 금발이며 활동적인 성격의 의학을 공부하고 있는 젊은 남자 로서 같은 나이에 부드럽고 여성스러운 젊은 여자를 만나고 싶습니다.

1) jeune

[젊은, 어린]	jeune fille [아가씨] se marier jeune [어려서 결혼하다]
[손아래의]	jeune frère [아우]

2) 학업에 관계되는 어휘들

mathématiques [수학]	littérature [문학]	linguistique [언어학]
droit [법학]	philosophie [철학]	gymnastique [체육]

3) même

[명사 앞 : 같은]	c'est la même chose. [그것은 같은 것이야]
[명사 뒤 : 바로]	C'est le livre même que je cherchais. [내가 찾던 바로 그 책야]
[인칭대명사 뒤 : 자체]	moi-même [나 자신]

4) 형용사의 여성형

-x	-se	affreux [끔찍한] → affreuse	ambitieux [야망의] → ambitieuse

▸ 예외) doux [부드러운] → douce

1. **Vous avez 30 ans et vous adorez le football et le tennis. Vous êtes célibataire et vous voulez sincèrement vous marier. Vous cherchez quelqu'un qui a un travail plutôt stable. Vous vous intéressez à quelle annonce? → [1]**
[당신은 30세이고 축구와 테니스를 아주 좋아한다. 독신이며 진지하게 결혼을 원하고 있다. 비교적 안정된 직업을 가지고 있는 누군가를 찾는다. 어떤 광고에 관심을 갖는가?]

1) qui

a) 주어, 사람의 전치사보어

J'ai un ami. Il vient de la Corée. → J'ai un ami qui vient de la Corée.
[나는 한국에서 온 친구가 있다]

Le client qui est satisfait .. [만족한 손님]

C'est un collaborateur sur qui on peut compter.
[그는 우리가 믿을 수 있는 협력자다]

b) ce qui + 비인칭 동사 : ce qui 는 주어인 경우, ce qu'il 은 직접목적보어의 경우에 사용한다.

Raconte-moi ce qui s'est passé. [무슨 일이 일어났는지 나에게 말해줘]

Voilà ce qu'il reste. [이게 남은 것이야]

2) plutôt

[차라리]	Il n'est pas méchant, mais plutôt froid. [그는 짓궂다기보다는 오히려 냉정하다]
[+ que]	Prenez le bateau plutôt que l'avion. [비행기 보다는 배를 타세요]

3) intéresser vs s'intéresser

[관심을 끌다]	Ça ne m'intéresse pas. [그건 별 관심이 없어]
[~에 관심을 갖다]	Il s'intéresse au sport. [그는 운동에 관심이 있다]

2. **Vous êtes étudiante et vous avez du caractère calme. Vous n'aimez pas beaucoup le sports et vous cherchez un jeune homme très grand. Vous vous intéressez à quelle annonce? → [3]**
[당신은 여대생이고 조용한 성격이다. 운동을 그다지 좋아하지 않으며 매우 키가 큰 청년을 찾고 있다. 어느 광고에 관심이 가는가?]

1) 명사 앞에 위치하는 형용사들 : 주로 짧은 형용사들이 이에 해당한다

beau	un beau chapeau [아름다운 모자]	une belle robe [아름다운 옷]
bon	un bon outil [좋은 연장]	
grand	une grande ville [대도시]	
gros	une grosse pierre [큰 돌]	
joli	une jolie maison [예쁜 집]	
long	un long voyage [긴 여행]	
mauvais	la mauvaise conduite [나쁜 행동]	
petit	un petit homme [키가 작은 남자]	

3. Vous avez 35 ans et divorcée. Vous cherchez quelqu'un plus âgé que vous. Vous voulez une vie stable et pour cela, vous aimeriez trouver quelqu'un qui mène une vie stable concernant le pouvoir d'économie. Vous vous intéressez à quelle annonce? → [2]
[당신은 35살이고 이혼녀이다. 당신보다 나이가 많은 사람을 찾고 있다. 안정된 생활을 원하는 당신은 경제력에 있어 안정된 삶을 사는 사람을 찾고 있다. 어떤 광고에 관심 있는가?]

1) âgé(e)

[~ de : (의) 나이인]	Il est âgé de 20 ans. [그는 20살이다]
[나이가 많은]	places réservées aux personnes âgées. [경로석]

2) le pouvoir

[능력]	Cela n'est pas en mon pouvoir. [그건 내가 할 수 있는게 아냐]
[권력]	prendre le pouvoir [권력을 잡다]

4. 의견을 표현하는 문제

예제 1

▪ Exercice 2

Lire pour s'informer

Lisez attentivement les témoignages et répondez aux questions :

1.

Marco, 11 ans
J'utilise mon portable deux fois par semaine et pas plus de cinq minutes.
En général, c'est pour prendre un rendez-vous avec mes copains.

2.

Isabelle, 14 ans
Mes parents m'ont offert un portable pour mes 13 ans.
Ils m'appellent tous les soirs pour savoir l'heure de mon retour de l'école.
Alors, le portable, c'est pratique mais un peu embêtant quelques fois.

3.

Paul, 14 ans
Je pense que c'est stupide d'avoir un portable à notre âge.
On n'a pas besoin de parler de choses pendant des heures.
D'ailleurs, comme on est collégiens, c'est interdit au collège : c'est normal, ce serait impoli de téléphoner pendant le cours.

4.

Xavier, 15 ans
Je pense qu'on a besoin de portable malgré certains inconvénients que présente celui-ci.
Par le téléphone portable, j'envoie des e-mails aux copains qui habitent loins de chez moi une fois par semaine.
Ce sont des messages rapides, courts, moins soignés qu'une lettre. En outre, le portable est très utile en cas d'urgence : on peut demander rapidement de l'aide à n'importe quand et presque n'importe où.

1. Qui utilise le portable pour rencontrer des amis? ________________

2. Qui a acheté le portable à Isabelle? ________________

3. Qui pense que le portable n'est pas vraiment utile aux adolescents?

4. D'après Xavier, à quelle occaison le portable est-il utile?

해석 및 풀이

본문내용 1

Marco, 11 ans

J'utilise mon portable deux fois par semaine et pas plus de cinq minutes. En général, c'est pour prendre un rendez-vous avec mes copains.

나는 휴대폰을 일주일에 두 번 사용하는데, 5분 이상을 사용하지 않아. 일반적으로, 내 친구들과 약속을 정할 때 이용하지.

1) utiliser

[이용·사용하다]	Il utilise sa clé pour ouvrir la porte.[문을 열기 위해 열쇠를 사용한다]

2) 1인칭 소유형용사

남성단수	모음, 묵음 h 의 여성단수	여성단수	남, 여 복수
mon père, mon amie		ma femme	mes enfants

3) portable

[휴대할 수 있는]	le (téléphone) portable [휴대폰]

4) la fois

[번, 회]	combien de fois [몇 번] à la fois [동시에] chaque fois [매번]
[배]	Trois fois deux font six. [3곱하기 2는 6이다]

5) par

[장소 : ~을 통해]	entrer par la fenêtre [창문을 통해 들어가다]
[수단 : ~로]	par l'avion [비행기편으로] par la poste [우편으로]
[배분 : ~마다]	deux fois par jour [하루에 두 번]

6) plus

[더 (많이)]	plus souvent [더 자주] plus attentivement [더 주의깊게]
[비교급 : plus A que B]	Paul est plus rapide que moi. [뽈은 나보다 빠르다]
[부정 : ne ~ plus]	Il n'a plus d'argent. [그는 더 이상 돈이 없다]

본문내용 2

Isabelle, 14 ans

Mes parents m'ont offert un portable pour mes 13 ans. Ils m'appellent tous les soirs pour savoir l'heure de mon retour de l'école. Alors, le portable, c'est pratique mais un peu embêtant quelques fois.

부모님들이 13번째 생일날 내게 휴대폰을 주셨어. 부모님들은 매일저녁 내가 학교에서 귀가하는 시간을 알기 위해 전화를 하시지. 그래서 휴대폰은 편하기는 하지만, 가끔 귀찮을 때가 있어.

1) 목적어를 두개 취하는 동사들

demander A à B [B에게 A를 요구하다]	offrir A à B [B에게 A를 제공하다]
proposer A à B [B에게 A를 제안하다]	envoyer A à B [B에게 A를 보내다]

2) 복합시제에서의 조동사와 과거분사

a) 자동사 : être + 과거분사

b) 타동사 : avoir + 과거분사

▸ 과거분사

		원형		과거분사
1군 동사	-é	aimer	[좋아하다]	aimé
		chanter	[노래하다]	chanté
		manger	[먹다]	mangé
2군 동사	-i	finir	[끝내다]	fini
		choisir	[선택하다]	choisi
		grossir	[살찌다]	grossi
3군 동사	-s	prendre	[잡다]	pris
	-é	aller	[가다]	allé
	-i	sortir	[외출하다]	sorti
	-u	boire	[마시다]	bu
		attendre	[기다리다]	attendu

3) pratique

[실질적인]	un homme pratique [실리에 밝은 사람]
[편리한]	outil pratique [편리한 연장]

본문내용 3

Paul, 14 ans

Je pense que c'est stupide d'avoir un portable à notre âge. On n'a pas besoin de parler de choses pendant des heures. D'ailleurs, comme on est collégiens, c'est interdit au collège : c'est normal, ce serait impoli de téléphoner pendant le cours.

나는 우리 나이에 휴대폰을 갖는다는 것은 어리석다고 생각해. 몇 시간 동안 무엇인가에 대해 말할 필요는 없거든. 게다가, 우린 중학생이기 때문에, 학교에서는 사용이 금지되어 있어 : 수업 동안 전화를 한다는 것은 무례한 것이니까 그것은 당연한 것이야.

1) penser

[자동사]	Je pense comme vous.	[나도 당신처럼 생각해요]
[간접타동사]	A qui pensez-vous?	[누구를 생각하세요?]
[que + 절]	Je pense que tu as raison.	[네가 옳다고 생각해]

2) stupide

[얼빠진, 어리석은]	C'est stupide, mais je n'ai pas de choix. [바보같지만, 선택의 여지가 없어]

3) 명사의 여성형

-n → -nne	lycéen → lycéenne [고등학생] chien → chienne [개]

4) interdit(e)

[금지된]	film interdit aux moins de 16 ans [16세이하 관람 금지 영화]

5) normal(e)

[정상적인]	Il n'est pas dans son état normal. [그는 정상적 상태가 아니다]

본문내용 4

Xavier, 15 ans

Je pense qu'on a besoin de portable malgré certains inconvénients que présente celui-ci. Par le téléphone portable, j'envoie des e-mails aux copains qui habitent loins de chez moi une fois par semaine. Ce sont des messages rapides, courts, moins soignés qu'une lettre. En outre, le portable est très utile en cas d'urgence : on peut demander rapidement de l'aide à n'importe quand et presque n'importe où.

나는 몇 가지 문제가 있음에도 불구하고 휴대폰은 필요하다고 생각해. 일주일에 한번, 나는 멀리 떨어져 살고 있는 친구들에게 이메일을 보내. 아주 빠르고 간결하고 편지보다 덜 신경 써도 되거든. 게다가, 휴대폰은 응급상황에 아주 유용하지. 우린 아무 때나 거의 아무 곳에서 도움을 빨리 청할 수 있거든.

1) malgré [~에도 불구하고]

[+명사]	Il est venu malgré la pluie. [비가 옴에도 그는 왔다]
[+que +접속법]	Il est venu malgré qu'il soit malade.

2) envoyer : -ayer, -oyer, uyer 로 끝나는 동사들 (ennuyer, envoyer, nettoyer)

je	-aie	-oie	-uie	nous	-ayons	-oyons	-uyons
tu	-aies	-oies	-uies	vous	-ayez	-oyez	-uyez
il, elle	-aie	-oie	-uie	ils, elles	-aient	-oient	-uient

3) moins

[보다 적게]	Il dort moins. [그는 잠을 덜 잔다]
[moins A que B]	Il est moins intelligent que Paul. [뽈보다 덜 영리해]

4) rapide

[빠른]	Il est rapide comme une flèche. [그는 화살처럼 빠르다]
[처리가 빠른]	C'est un homme rapide dans son travail. [일이 신속한 사람]

5) une aide (aider : 돕다)

[도움]	appeler à l'aide [도움을 청하다] l'aide aux pauvres [빈민구제]

1. Qui utilise le portable pour rencontrer des amis? → Marco
[친구들을 만나기 위해 휴대폰을 사용하는 사람은 누구인가?]

2. Qui a acheté le portable à Isabelle? → Les parents d'Isabelle
[이자벨에게 휴대폰을 사준 사람은 누구인가?]

3. Qui pense que le portable n'est pas vraiment utile aux adolescents? → Paul
[청소년들에게 휴대폰이 정말 유익하지 않다고 생각하는 사람은?]

4. D'après Xavier, à quelle occasion le portable est-il utile? → En cas d'urgence
[자비에에 따르면 휴대폰은 어떤 경우에 유용한가?]

예제 2

■ Exercice 2

Lire pour s'informer

Lisez attentivement les témoignages et répondez aux questions :

1.	Béatrice, 13 ans Tous mes amis ont des frères ou sœurs. Je pense qu'il y a quelque chose qui ne va pas dans ma famille parce que je suis fille unique. Mes amies sont jaloux parce qu'un enfant unique est souvent plus gâté, mais quand c'est les vacances, j'ai hâte qu'elles finissent pour retrouver mes copines au collège. Ce n'est pas drôle d'être tout le temps seule à la maison.

2.

Isabelle, 14 ans

Mes copines sont souvent mécontentes parce que leurs frères et sœurs les embêtent. Mais elles ont aussi quelqu'un avec qui partage leurs secrets.

Et puis entre sœurs, on peut s'apprendre des trucs et s'échanger des vêtements, ce qui n'est pas possible avec ma maman.

J'ai l'impression d'avoir manqué quelque chose en étant fille unique.

3.

Marco, 17 ans

Je suis content d'être fils unique parce que j'ai beaucoup d'avantages.

Tout d'abord, j'ai une chambre à moi tout seul et ce n'est pas la peine de me battre pour choisir un programme de télé.

Et puis je peux faire un jeu sur l'ordinateur n'importe quand.

Mes parents achètent beaucoup de choses pour moi et je ne comprends pas pourquoi le fait d'être enfant unique serait un problème.

4.

Thierry, 16 ans

Depuis que j'étais petit, je me plaignais de ne pas avoir de frères avec qui jouent.

Alors, j'invite beaucoup de copains chez moi pour s'amuser mais mes parents n'ont pas l'air contents parce qu'on fait du bruit.

J'ai l'impression qu'ils n'aiment pas les enfants.

5.

Léa, 17 ans

J'ai une copine qui s'appelle Béatrice. Elle a beaucoup de chances parce qu'elle a un frère et une soeur.

Moi, je suis une fille unique et mon papa veut contrôler tout. <Tu es rentrée à quelle heure? Qu'est-ce que tu as fait hier? Pourquoi tu ne m'as pas téléphoné?...>

Mais je ne suis pas une fille parfaite.

1. Qui ne regrette pas de ne pas avoir de frère(s) et de sœurs(s)?

2. Qui pense que ses parents n'aiment pas beaucoup les enfants?

3. Qui pense qu'une famille avec un enfant unique n'est pas une famille tout à fait normale?

4. Qui pense qu'un enfant unique est trop contrôlé par ses parents?

해석 및 풀이

본문내용 1

Béatrice, 13 ans

Tous mes amis ont des frères ou sœurs. Je pense qu'il y a quelque chose qui ne va pas dans ma famille parce que je suis fille unique. Mes amies sont jaloux parce qu'un enfant unique est souvent plus gâté, mais quand c'est les vacances, j'ai hâte qu'elles finissent pour retrouver mes copines au collége. Ce n'est pas drôle d'être tout le temps seule à la maison.

베아트리쓰, 13살

모든 내 친구들은 형제나 누이가 있다. 나는 내 가족이 뭔가 안 좋은 것이 있다고생각하는데 왜냐하면 나는 무남독녀기 때문이다. 내 친구들은 질투를 하는데 왜냐하면 흔히 독자는 귀여움을 받기 때문이라지만, 방학이 되면 나는 빨리 중학교 내 친구들을 다시 만나기 위해 방학이 빨리 끝나길 바란다. 집에 항상 혼자 있는 것이 좋은 것만은 아니다.

1) tout [부정 형용사]

남성단수	tout	tout le temps [항상]	tout le pays [나라 전체]
여성단수	toute	toute la journée [하루 종일]	toute la nuit [밤새]
남성복수	tous	tous les hommes [모든 사람들]	tous les jours [매일]
여성복수	toutes	toutes les filles [모든 소녀들]	

2) 가족을 나타내는 어휘들 중 성으로 대립되는 것들

남성	여성	남성	여성
père [아버지]	mère [어머니]	oncle [삼촌]	tante [숙모]
cousin [사촌]	cousine	neveu [조카]	nièce
frère [형제]	sœur [누이]	grand-père [할아버지]	grand-mère [할머니]

3) penser

[자동사]		Je pense comme vous. [당신과 동감이에요]
[타동사]	[직접타동사]	Tu dis ça, mais tu ne le penses pas. [너 그렇게 말은 하지만 그렇게 생각하지는 않지]
	[간접타동사]	Je pense à l'avenir. [미래에 대해 생각해요]
[절 : + que]		Je pense qu'il a raison. [그가 옳다고 생각해]

4) 관계 종속절 (la proposition subordonnée relative)

관계 종속절이란 주절(proposition principale)에다가 단순관계대명사(qui, que, dont, où, quoi) 또는 복합관계대명사(전치사 + lequel : duquel, auquel)로 도입되는 종속절이 관계되는 문장을 일컫는데, 주로 주절에서 이미 설명되어진 단어 또는 생각에 대한 정보를 보충하고 싶을 때 사용한다 :

J'ai un frère. < > J'ai un frère qui a trois ans plus que moi.
[나는 나보다 3살 많은 형제가 있다]

5) unique

[유일한]	C'est mon unique fils. [얘가 내 외아들이야] sens unique [일방통행]
[탁월한]	talent unique [탁월한 재능]

6) gâté(e)

[귀염받는, 응석받이의]	enfant gâté de la fortune [행운아]

7) une hâte

[서두름]	se préparer avec hâte au départ	[출발준비를 서두르다]
	avoir hâte de + 동사원형	[서둘러 ~하다]

본문내용 2

Isabelle, 14 ans

Mes copines sont souvent mécontentes parce que leurs frères et sœurs les embêtent. Mais elles ont aussi quelqu'un avec qui partage leurs secrets. Et puis entre sœurs, on peut s'apprendre des trucs et s'échanger des vêtements, ce qui n'est pas possible avec ma maman. J'ai l'impression d'avoir manqué quelque chose en étant fille unique.

이자벨, 14세

내 친구들은 자주 불만족스러워하는데, 왜냐하면 남동생이나 여동생이 자신들을 괴롭히기 때문이다. 그러나 그녀들은 또한 자신들의 비밀을 함께 할 누군가도 역시 있다. 그리고 자매들 사이에, 우린 여러 가지를 배우게 되고 옷도 바꿔 입는데, 이것은 엄마와는 할 수 없는 일이다. 나는 무남독녀라는 것이 무엇인가 부족하다는 느낌을 갖게 된다.

1) embêter

[지겹게 하다]	Ce film m'embête. [이 영화는 지루하다]
[괴롭히다]	Ne m'embête pas! [나를 괴롭히지마!]

2) partager

[나누다]	partager en frères	[사이좋게 나누다]
[공유하다]	partager la joie de quelqu'un	[~의 기쁨을 함께 하다]

3) ce qui

주절에서 표현된 생각을 되풀이 하거나 보충하는 기능을 한다. 이 때 관계대명사는 ce qui, ce que, ce dont 등이다.

Mon fils a réussi à l'examen, ce qui m'a fait plaisir.
[내 아들이 시험에 합격했는데, 그것이 나를 기쁘게 했다]
Il est déjà parti, ce que je ne savais pas.
[그는 이미 떠났는데, 나는 몰랐어]
Elle a gagné le grand prix au concours, ce dont elle était contente.
[그녀는 대회에서 대상을 받았는데, 그것에 만족해 했다]

본문내용 3

Marco, 17 ans

Je suis content d'être fils unique parce que j'ai beaucoup d'avantages, Tout d'abord, j'ai une chambre à moi tout seul et ce n'est pas la peine de me battre pour choisir un programme de télé. Et puis je peux faire un jeu sur l'ordinateur n'importe quand. Mes parents achètent beaucoup de choses pour moi et je ne comprends pas pourquoi le fait d'être enfant unique serait un problème.

마고, 17세

나는 독자가 된 것에 대해 만족해 왜냐하면 장점이 많기 때문이지. 무엇보다도 우선, 나 혼자만의 방이 있고 텔레비전 프로그램을 고르기 위해 싸울 필요도 없어. 그리고 아무 때라도 컴퓨터 게임을 할 수도 있고. 내 부모님들은 나를 위해 많은 것을 사주시는데 그래서 나는 독자가 된다는 것이 왜 문제가 되는지 이해할 수가 없어.

1) tout [부사]

[+형용사]	tout petit	[아주 작은]	Il est tout content	[그는 아주 만족해한다]
[+부사]	tout près	[아주 가까이]	aller tout droit	[곧장 가다]
[+전치사]	tout au loin	[아주 멀리]	tout au fond	[아주 안쪽에]

2) 명사의 복수형

-eu	-eux	le cheveu → les cheveux [머리카락]	le jeu → les jeux [게임]

3) la peine

[고통]	partager la peine de qn [~의 고통을 함께 나누다]
[수고]	C'est la peine perdue. [그건 헛수고야]
[벌]	la peine de mort [사형]
[숙어]]	à peine [간신히] C' (n')est (pas) la peine de + 동사원형 [~할 필요가 있다(없다)]

본문내용 4

Thierry, 16 ans

Depuis que j'étais petit, je me plaignais de ne pas avoir de frères avec qui jouent. Alors, j'invite beaucoup de copains chez moi pour s'amuser mais mes parents n'ont pas l'air contents parce qu'on fait du bruit. J'ai l'impression qu'ils n'aiment pas les enfants.

띠에리, 16세

내가 어렸을 때부터, 나는 같이 놀 형제가 없는 것에 대해 불평 했었어. 그래서 놀기 위해 많은 친구들을 집에 초대하는데, 그러나 부모님은 우리가 시끄럽게해서 좋아하지 않은 것 같아. 부모님들이 아이들을 좋아하지 않는 것 같은 인상이 들어.

1) depuis

J'habite à Paris	depuis	trois ans [3년 전부터]
		longtemps [오래전부터]
		le 6 juillet [7월 6일부터]
		la mort de ma femme. [나의 아내가 죽은 후부터]

- depuis + 시간의 표현 (숫자, 부사, 날짜, 사건)
  depuis 가 jusqu'à 와 결합하는 경우, 사건이나 행위의 지속성은 한정된다
  Il travaille depuis le matin jusqu'au soir. [그는 아침부터 저녁까지 일을 한다]

2) jouer [놀다, 운동하다]

[자동사]	Les enfants jouent dans le jardin. [아이들이 정원에서 놀고 있다]
[간접타동사]	jouer au football [축구를 하다] jouer aux cartes [카드놀이 하다]

3) un air

[공기]	pollution de l'air [대기오염]　　hôtesse de l'air [스튜디어스]
[태도]	avoir l'air + 형용사 : [~처럼 보이다]

본문내용 5

Léa, 17 ans

J'ai une copine qui s'appelle Béatrice. Elle a beaucoup de chance parce qu'elle a un frère et une sœur. Moi, je suis une fille unique et mon papa veut contrôler tout. <Tu es rentrée à quelle heure? Qu'est-ce que tu as fait hier? Pourquoi tu ne m'as pas téléphoné?...> Mais je ne suis pas une fille parfaite et personne n'est parfait.

레아, 17세

나는 베아트리쓰라고 불리는 친구가 있어. 그녀는 운이 좋은데 왜냐하면 남동생과 여동생이 있기 때문이야. 나는 무남독녀고 아빤 모든 것을 통제하시려구 해. <몇시에 집에 오니? 어제 뭐했니? 왜 나한테 전화 않했니?...> 하지만 나는 완벽한 소녀가 아니고 완벽한 사람은 없잖아.

1) 의문문 : 직접목적보어 (le complément d'objet direct)

Qui regardez-vous? [당신은 누구를 보고 있습니까? : 사람]	Qui est-ce que vous regardez?
Que cherchez-vous? [당신은 무엇을 찾고 있습니까? : 사물]	Qu'est-ce que vous cherchez?
Que fais-tu? [너 뭐하니?]	Qu'est-ce que tu fais?
Lequel de ces deux livres as-tu choisi? [이 두 책중 어떤 것을 골랐니?	Lequel de ces deux livres est-ce que tu as choisi?

2) personne 의 기능과 위치

a) 주어 : personne ne 는 동사 앞에 위치한다

Qui s'occupe de cet enfant?　　Personne ne s'occupe de cet enfant.
[누가 이 아이를 돌봅니까?]　　[아무도 이 아이를 돌보지 않아요.]

b) 직접목적보어

- 단순형태에서 ne personne는 동사 앞 뒤에 위치한다.

  Tu cherches quelqu'un? Non, je ne cherche personne.
  [너 누구를 찾니?] [아니, 아무도 찾지 않아.]

- quelqu'un de + 불변의 형용사 → personne de + 불변의 형용사 + ne
  → ne personne de + 불변의 형용사

  → Tu as trouvé quelqu'un de sûr à ce concours?
  [이 대회에서 믿을만한 사람을 발견했니?]
  Non, je n'ai trouvé personne de sûr.
  Personne de sûr n'est pas venu. [믿을 만한 사람이 오지 않았어]

- quelqu'un à + 동사의 원형 → personne à + 동사의 원형

  → Avez-vous quelqu'un à rencontrer? [만나야 할 사람이 있습니까?]
  Non, je n'ai personne à rencontrer. [아니오, 만날 사람이 없어요]

c) 간접목적보어

- ne + à / de + personne는 단순형태, 복합형태에서 동사 뒤에 위치한다

  → Donnerez-vous à quelqu'un ce cadeau?
  [이 선물을 누구에게 줄꺼에요?]
  Non, je ne le donnerai à personne.
  [아니오, 아무에게도 주지 않을꺼에요]

  → Avez-vous parlé à quelqu'un de ce voyage?
  [이 여행에 대해 누군가에게 말을 했습니까?]
  Non, je n'en ai parlé à personne.

1. Qui ne regrette pas de ne pas avoir de frère(s) et de sœur(s)? → Marco.
   [형제나 자매가 없는 것을 후회하지 않는 사람은 누구인가?]

2. Qui pense que ses parents n'aiment pas beaucoup les enfants? → Thierry
   [부모님이 아이들을 그다지 좋아하지 않는다고 생각하는 사람은 누구인가?]

3. Qui pense qu'une famille avec un enfant unique n'est pas une famille tout à fait normale? → Béatrice
   [독자가 있는 가족이 완전히 정상적인 가족이 아니라고 생각하는 사람은 누구인가?]

4. Qui pense qu'un enfant unique est trop contrôlé par ses parents? → Léa
[독자는 부모님에 의해 너무 통제를 받는다고 생각하는 사람은 누구인가?]

예제 3

■ Exercice 2

Lire pour s'informer

Lisez attentivement les témoignages et répondez aux questions :

1.	Patrick, 18 ans Je pense que la façon de s'habiller n'a aucune importance dans la vie. Personnellement, je n'aime pas la mode et je m'habille comme je veux. Quelquefois, mes copains de lycée se moquent de moi mais ça m'égal parce que ce qui compte pour moi, c'est d'être moi-même. D'ailleurs, c'est trop cher, non?

2.	Marie, 18 ans Je fais attention à m'habiller quand je sors de la maison, mais c'est tout. Je ne pense pas que la façon de s'habiller soit si importante qu'il faut prendre deux heures pour s'habiller. Après tout, chacun s'habille comme il croit bon de s'habiller.

3.	Sacha, 16 ans La façon de s'habiller est très importante pour moi. Je pense que c'est la meilleure façon de donner une bonne impression aux gens. D'ailleurs, beaucoup de gens pensent que ça coûte trop cher pour bien s'habiller, mais ce n'est pas vrai. On peut trouver des vêtements de bonnes qualités même si on paie pas cher. La façon de s'habiller est assez importante parce que ça permet à chacun d'exprimer sa propre personnalité.

4.	Mélisa, 17 ans Tout d'abord, il faut changer d'attitude des gens qui jugent quelqu'un sur ses habits. Ce qui compte avant tout, c'est la beauté intérieure avant la même beauté extérieure. Ceux qui ne pensent qu'à s'habiller avec des habits très chers sont ceux qui souvent n'ont pas grand-chose dans la tête.

1. Qui pense que la façon de s'habiller est un bon moyen de démontrer sa personnalité aux gens?
2. Qui pense que la plupart de gens prennent trop de temps pour s'habiller?
3. D'après Mélisa, qu'est-ce qui est plus important?

해석 및 풀이

본문내용 1

Patrick, 18 ans

Je pense que la façon de s'habiller n'a aucune importance dans la vie. Personnellement, je n'aime pas la mode et je m'habille comme je veux. Quelquefois, mes copains de lycée se moquent de moi mais ça m'égal parce que ce qui compte pour moi, c'est d'être moi-même. D'ailleurs, c'est trop cher, non?

빠트릭, 18세

나는 옷을 입는 방식은 인생에서 전혀 중요하지 않다고 생각해. 개인적으로, 나는 유행을 좋아하지 않으며 내가 원하c는데로 옷을 입어. 때때로 내 고등학교 친구들이 나를 놀리지만 상관없어 왜냐하면 내게 있어 중요한 것은 내 자신이 되는 것이니까. 게다가, 너무 비싸, 그렇지 않아?

1) ne ~ aucun(e) 또는 aucun(e) ~ ne
aucun(e) 은 불한정 형용사로 명사를 동반하거나 불한정 대명사로서 명사의 위치에 온다. 또한, aucun(e) 은 남성 또는 여성의 구분이 있는 반면 항상 단수로 사용된다.

a) aucun(e)은 사람 또는 사물 다 나타내며 양(quantité)에 관한 부정이다.

→ Combien de chiens avez-vous? Je n'ai aucun chien.
[개를 몇 마리 가지고 계세요?] [한 마리도 가지고 있지 않아요]

→ Tu connais beaucoup de filles ici? Non, je ne connais aucune fille.
[너 여기 많은 여자애들을 알고 있니?] [아니, 한 명도 알지 못해]

→ Tu as reçu plusieurs cadeaux d'anniversaire?
[너 여러개의 생일 선물을 받았니?]
Non, je n'ai reçu aucun cadeau. [아니, 어떤 선물도 받지 못했어]

b) 단독으로 쓰여 질문에 대한 답변으로 쓰인다.

→ Avez-vous reçu des nouvelles? Aucune.
[당신 소식을 들었어요?] [아무 것도 못들었어요]

c) aucun(e)의 기능과 위치

- 형용사 또는 대명사로서 aucun(e) 은 다음의 기능을 할 수 있다.
- 주어 : aucun ne 는 단순형태 또는 복합형태에서 동사 앞에 위치한다.

Aucun ne me plaît. [어떤 것도 내 마음에 들지 않아]
Aucun homme n'est parfait. [어떤 사람도 완벽하지는 않다]

d) 직접목적보어

- 단순형태 : ne ... aucune 은 동사 앞 뒤에 위치한다

Je n'ai aucune raison d'attendre. [나는 기다릴 아무런 이유가 없어]

- 복합형태 : ne + 조동사 + 과거분사 + aucun

Il n'a expliqué aucun détail. [그는 어떠한 세부사항도 설명하지 않았다]

e) 간접목적보어

- ne + 동사 + à / de + aucun(e)

Tu n'as droit à aucune excuse. [넌 어떤 사과도 요구할 권한이 없다]

2) personnellement [개인적으로] : 파생 부사

남성 형용사	여성 형용사	부 사
heureux [행복한]	heureuse	heureusement
certain [확실한]	certaine	certainement
actif [활동적인]	active	activement

3) se moquer de [~을 놀리다, 비웃다]

Ne vous moquez pas de lui. [그를 놀리지 마세요]

Tu te moques de moi? [너 나 놀리는 거니?]

본문내용 2

Marie, 18 ans

Je fais attention à m'habiller quand je sors de la maison, mais c'est tout. Je ne pense pas que la façon de s'habiller soit si importante qu'il faut prendre deux heures pour s'habiller. Après tout, chacun s'habille comme il croit bon de s'habiller.

마리, 18세

나는 집에서 외출을 할 때 옷 입는 것에 신경을 써. 하지만 그게 다야. 옷을 입는 방식이 옷입는데 두시간이나 걸릴 정도로 그렇게 중요하다고 생각하지는 않아. 결국 각자 자신이 잘 입는다고 생각하는 데로 옷을 입으니까 말야.

1) une attention

[주의]	écouter avec attention [주의 깊게 듣다]
[숙어적 표현]	Attention au train! [기차 조심해요!] Faites attention! [주의하세요!]

2) soit : 접속법형태

	avoir	être		avoir	être
j' (je)	aie	sois	nous	ayons	soyons
tu	aies	sois	vous	ayez	soyez
il, elle	ait	soit	ils, elles	aient	soient

▸ 접속법이 사용되는 구

a) 시간 : avant que [~전에] jusqu'à ce que [~까지]

... avant qu'il soit trop tard [너무 늦기전에]

... jusqu'à ce que j'arrive [내가 도착할 때까지]

b) 양보 : bien que [~에도 불구하고]   quoique [~임에도]
... bien qu'il soit malade [그가 아픔에도 불구하고]

c) 목적 : afin que, pour que [~하기 위해]
... pour que je puisse travailler [내가 일을 할 수 있기 위해]

d) 추측, 가정 : à condition que [~하는 조건하에]
... Il vient à condition que le temps le permette.
[시간이 허용된다는 조건 하에 그는 올 것이다]

e) 부정, 의심 (douter, ne pas penser...)
Je doute qu'il dise la vérité. [나는 그가 진실을 말하는지 의심스러워]

3) chacun(e) : 항상 단수로 쓰이며 사람 또는 사물을 나타낸다
Chacun a son défaut. [누구나 실수를 하기 마련이다]

▸ 홀로 쓰이거나 de, d'entre + 주어를 나타내는 대명사가 뒤에 위치한다
Chacun d'eux a refusé. [그들 모두 거절했다]
Chacun d'entre vous aura une surprise. [당신들 모두 놀랄 거에요]

본문내용 3

Sacha, 16 ans

La façon de s'habiller est très importante pour moi. Je pense que c'est la meilleure façon de donner une bonne impression aux gens. D'ailleurs, beaucoup de gens pensent que ça coûte trop cher pour bien s'habiller, mais ce n'est pas vrai. On peut trouver des vêtements de bonnes qualités même si on paie pas cher. La façon de s'habiller est assez importante parce que ça permet à chacun d'exprimer sa propre personnalité.

사샤, 16세

옷을 입는 방식은 내게 있어 매우 중요해. 나는 사람들에게 좋은 인상을 주는 가장 좋은 방법이라고 생각해. 게다가, 많은 사람들이 옷을 잘 입으려면 돈이 많이 든다고 생각하지만 사실이 아니야., 옷을 입는 방식은 자신 고유의 특성을 표현하게 해 주기 때문에 매우 중요해.

1) une façon

[방식]	d'une façon générale [일반적인 방식으로] de la même façon [같은 방법으로]
[숙어적 표현]	de toute façon [어쨌든] de cette façon [이렇게 하면]

2) meilleur(e)

[bon의 비교급]	C'est homme est meilleur que je ne pensais. [이 남자는 내가 생각했던 것 보다 더 좋은 사람이다]
[bon의 최상급]	le meilleur vin [제일 좋은 포도주] mon meilleur ami [최고의 친구]

3) 목적어를 두개 취하는 동사들

apporter	사물	à	사람	[~을 ~에게 가져오다]	apporter un cadeau à X [X에게 선물을 가져오다]
demander				[~을 ~에게 요구하다]	demander une aide à X [X에게 도움을 청하다]
donner				[~을 ~에게 주다]	donner un livre à X [X에게 책을 주다]
écrire				[~을 ~에게 쓰다]	écrire une lettre à X [X에게 편지를 쓰다]
emprunter				[~을 ~에게 빌리다]	emprunter de l'argent à X [X에게 돈을 빌리다]
envoyer				[~을 ~에게 보내다]	envoyer un colis à X [X에게 소포를 보내다]
expliquer				[~을 ~에게 설명하다]	expliquer la situation à X [X에게 상황을 설명하다]
montrer				[~을 ~에게 보이다]	montrer une carte à X [X에게 지도를 보여주다]
prêter				[~을 ~에게 빌려주다]	prêter un stylo à X [X에게 만년필을 빌려주다]
proposer				[~을 ~에게 제안하다]	proposer un mariage à X [X에게 결혼을 제안하다]
raconter				[~을 ~에게 이야기하다]	raconter une histoire à X [X에게 이야기를 하다]
rendre				[~을 ~에게 돌려주다]	rendre une bague à X [X에게 반지를 돌려주다]

본문내용 4

Mélisa, 17 ans

Tout d'abord, il faut changer d'attitude des gens qui jugent quelqu'un sur ses habits. Ce qui compte avant tout, c'est la beauté intérieure avant la même la beauté extérieure. Ceux qui ne pensent qu'à s'habiller avec des habits très chers sont ceux qui souvent n'ont pas grand-chose dans la tête.

멜리사, 17세

무엇보다도 먼저, 옷을 보고 누군가를 판단하는 사람들의 태도를 고쳐야 한다. 무엇보다도 중요한 것은 외부의 아름다움보다 앞서 내부의 아름다움이라는 것이다, 아주 비싼 옷들만 사입을 것만 생각하는 사람들은 머리 속에 별게 들어 있지 않은 사람들이다.

1) falloir : 3인칭 단수로만 사용

[+ 명사]	Il faut une demie heure pour y aller à pied. [그곳에 걸어서 가는데 30분이 걸린다]
[+ 동사원형]	Il faut travailler pour gagner de l'argent. [돈을 벌기 위해서는 일을 해야 한다]

2) avant 과 devant

avant 은 après 의 반대로서 시간에 관계되는 것을 나타낸다. 반면, devant 은 derrière 의 반대로서 공간, 장소 등을 나타낼 때 사용된다

Je vais te chercher avant midi. [정오 전에 너를 찾으러 갈게]

La poste est devant la pharmacie. [우체국은 약국 앞에 있어]

3) 지시대명사 (le pronom démonstratif)

A. 형태

단 수		복 수		중 성	
남 성	여 성	남 성	여 성	ce	
celui	celle	ceux	celles	c'+ 모음	
celui-ci	celle-ci	ceux-ci	celles-ci	ceci	cela
celui-là	celle-là	ceux-là	celles-là	ça	

B. 용법

a) 단순형태 (celui, ceux, celle, celles)

① 전치사 de

• de + 소유의 의미를 나타내는 명사

Quelle jolie voiture! Elle est à toi? Non, c'est celle de mon père.
[예쁜 차인데! 네꺼니?] [아니, 나의 아버지의 것이야]

• de + 부사

Tu as regardé le match de football hier? [너 어제 축구 경기 봤니?]
Oui, mais celui d'aujourd'hui sera plus intéressant.
[응, 하지만 오늘 경기가 더 흥미로울꺼야]

• de + 동사의 원형

Il aime beaucoup de sports et surtout celui de jouer avec une balle.
[그는 많은 운동을 좋아하는데, 특히 공을 가지고 하는 운동을 좋아한다]

② 관계대명사

Montrez-moi le livre, celui que vous lisez.
[당신이 읽고 있는 책을 제게 보여주세요]
Tu as vu le film, celui dont tout le monde parle en ce moment?
[너 요즘 모든 사람들이 말하고 있는 그 영화를 봤니?]

b) 복합형태

(celui-ci, celui-là, ceux-ci, ceux-là, celle-ci, celle-là, celles-ci, celles-là)

① 문맥에 의해 한정되는 명사

Il a invité ses amis au dîner ; ceux-ci apportaient beaucoup de cadeaux.
[그는 저녁 식사에 친구들을 초대했어 ; 그들은 많은 선물을 가져왔어]

② 지시형용사가 선행하는 명사

Cette voiture est très belle, mais celle-là me semble plus pratique.
[이 자동차는 아주 예뻐, 하지만 저 차가 더 실용적일 것 같아]

③ 대립의 의미

• -ci 는 후자, -là 는 전자를 나타낸다

J'ai un chien et une chatte ; celle-ci est mignonne, mais celui-là est moche. [나는 개와 고양이가 있어 : 고양이는 예쁜데 개는 못생겼어]

- -ci 은 어떤 것, -là 는 또 다른 어떤 것을 나타낸다
  Il y avait beaucoup de femmes, celles-ci chantaient, celles-là dansaient.
  [많은 여인들이 있었는데, 어떤 여인들을 노래를 했고 또 다른 여인들은 춤을 췄다]

1. Qui pense que la façon de s'habiller est un bon moyen de démontrer sa personnalité aux gens? → Sacha
   [옷을 입는 방식이 사람들에게 자신의 개성을 보여주는 좋은 방법이라고 생각하는 사람은 누구인가?]

2. Qui pense que la plupart de gens prennent trop de temps pour s'habiller?
   → Marie
   [대부분의 사람들이 옷을 입는데 시간을 너무 많이 허비한다고 생각하는 사람은 누구인가?]

3. D'après Mélisa, qu'est-ce qui est plus important?
   [멜리사에 따르면, 가장 중요한 것은 무엇인가?]
   → C'est la beauté intérieure avant la même beauté extérieure.

DEUXIÈME PARTIE : Exercice 3 유형

방향, 장소에 관계되는 내용 이해하기

두 번째 단계의 독해평가 중 지문, 대화 또는 편지나 e-mail 등을 통해 만남의 장소를 찾아오는 방법을 가르쳐주고 실제로 지도상에서 정확한 장소를 찾는 문제로서, 다음과 같이 유형을 구분할 수 있다.

1. 길 또는 장소를 알려주는 글
2. 길 또는 장소를 묻는 대화

1. 길 또는 장소를 알려주는 글

예제 1

■ Exercice 3

Lire pour s'orienter

1. Où est le musée? <수능 프랑스어 출제문제>

> Vous allez tout droit. Vous prenez la deuxième rue à droite. Après, vous tournez à la première rue à gauche. Le musée est à votre gauche.

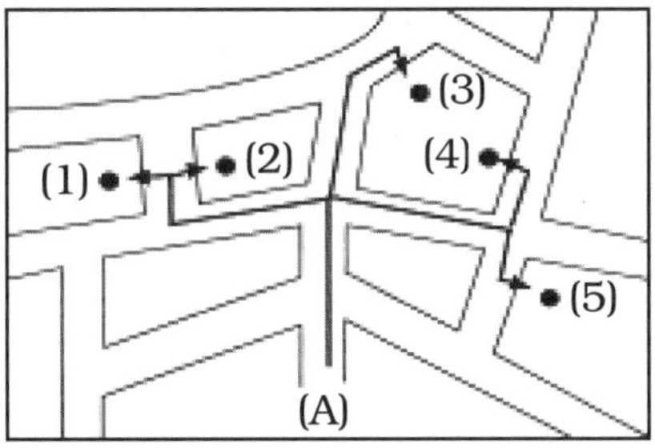

① (1)
② (2)
③ (3)
④ (4)
⑤ (5)

2. Où est-ce que A peut arriver selon l'indication?
<수능 프랑스어 출제문제>

> Vous allez tout droit, et puis vous tournez à gauche. C'est en face du restaurant.

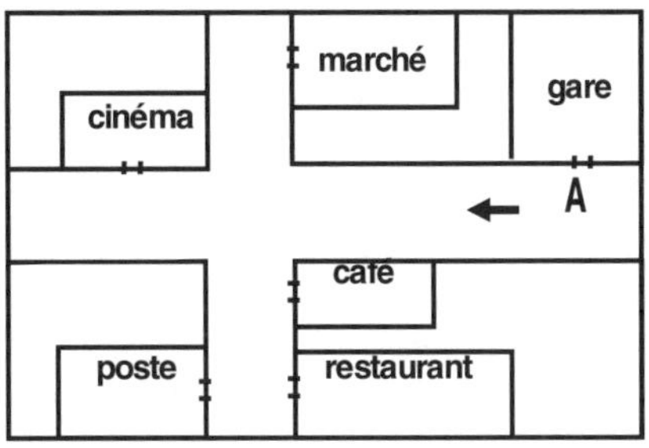

① marché
② poste
③ cinéma
④ café
⑤ restaurant

3. Qui va arriver à l'école? <수능 프랑스어 출제문제>

D'abord, tournez à gauche et prenez la première rue à droite. Après, allez tout droit. L'école est sur votre gauche.

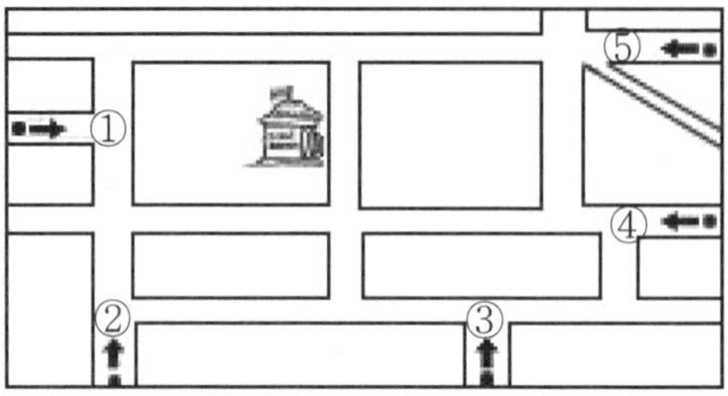

① Pierre
② Xavier
③ Paul
④ Yves
⑤ Jean

4. A quelle station devez-vous changer le métro? <수능 프랑스어 출제문제>

Vous êtes à la station «Bastille».
Pour aller à la «Gare de l'Est», vous prenez la ligne 1, direction«La Défense». Et vous changez à la station __________.

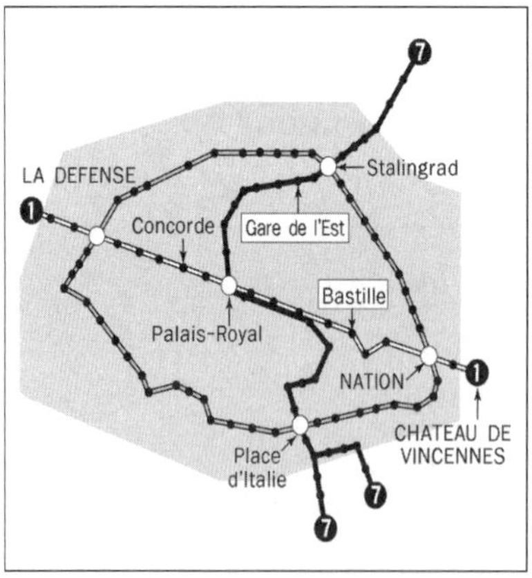

① Nation
② Concorde
③ Stalingrad
④ Place d'Italie
⑤ Palais-Royal

해석 및 풀이

1. Où est le musée? → 4 **[미술관은 어디에 있습니까?]**

> Vous allez tout droit. Vous prenez la deuxième rue à droite. Après, vous tournez à la première rue à gauche. Le musée est à votre gauche.
> 곧장 가세요. 두 번째 길에서 오른쪽으로 도세요. 그리고 나서 첫 번째 길에서 왼쪽으로 도세요. 미술관은 당신의 왼쪽에 있습니다.

▸ 방향을 나타낼 때 사용되는 표현들

<table>
<tr><td>aller</td><td colspan="6" rowspan="2">tout droit</td></tr>
<tr><td>continuer</td></tr>
<tr><td>prendre</td><td></td><td rowspan="2">la</td><td>première</td><td rowspan="2">rue</td><td rowspan="2">à</td><td>gauche</td></tr>
<tr><td>tourner</td><td>à</td><td>deuxième</td><td>droite</td></tr>
</table>

2. Où est-ce que A peut arriver selon l'indication? → la poste
[지시에 따라 A가 도착하는 곳은?]

> Vous allez tout droit, et puis vous tournez à gauche. C'est en face du restaurant.
> 곧장 가시다가 왼쪽으로 도세요. 그곳은 식당 맞은 편에 있어요.

▸ 길을 묻는 문제에서 나올 수 있는 방향에 관계되는 그 외의 전치사들
en face de [~맞은 편에]
à côté de [~옆에]
près de [~가까이에]

3. Qui va arriver à l'école? → Paul **[학교에 도착하는 사람은 누구인가?]**

> D'abord, tournez à gauche et prenez la première rue à droite. Après, allez tout droit. L'école est sur votre gauche.
> 우선 왼쪽으로 돈 다음에 첫 번째 길에서 오른쪽으로 가세요. 그 후에 곧장 가세요. 학교는 당신 왼쪽에 있어요.

1) 길을 묻고 답하는 표현

Où est la gare, s'il vous plaît?	Vous allez (continuez) tout droit.
Est-ce qu'il y a une station de métro près d'ici?	Vous prenez la première (deuxième) rue à droite (gauche)
Est-ce que c'est loin d'ici?	C'est tout près d'ici.
	Ça prend 10 minutes à pied.
Pour aller à la poste, s'il vous plaît.	La poste est sur votre droite (gauche).

2) 길을 묻는 문제에서 나올 수 있는 장소의 명사들

une école	[학교]	un restaurant	[식당]
la poste	[우체국]	un hôtel	[호텔]
le cinéma	[영화관]	la gare	[역]
le musée	[미술관]		

4. A quelle station devez-vous changer le métro? → 5
[당신은 어느 정거장에서 지하철을 갈아타야만 하는가?]

> Vous êtes à la station «Bastille». Pour aller à la «Gare de l'Est», vous prenez la ligne 1, direction«La Défense». Et vous changez à la station ____.
> 당신은 바스티유 역에 있다. 동부역으로 가기 위해서 <라 데팡스> 방향의 1번선을 타고 가다가 <Palais-Royal>에서 갈아타야 한다.

예제 2

■ Exercice 3

Lire pour s'orienter

Vous recevez le message suivant par répondeur :

Salut, Pierre. C'est Jean! Tu n'es pas là? Je sais que tu es occupé en ce moment. Tu n'as pas oublié notre rendez-vous quand même? Je t'attends devant l'entrée du café. En sortant du métro tu traverses le Pont Notre-Dame, tu continues jusqu'au Quai de Gesvres et tu prends la deuxième rue à gauche. Après, tu fais 50 mètres et tu verras la Tour Saint-Jacques à gauche. Le café est en face de la Tour. Je t'attends vers dix-neuf heures. Salut, Jean.

1. Dessinez sur le plan ci-joint le chemin pour aller au rendez-vous de votre ami.

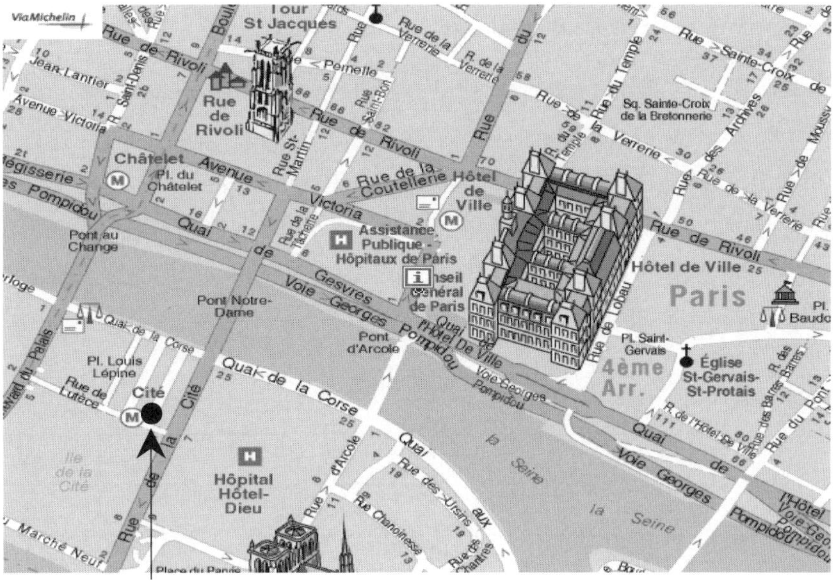

Vous êtes ici.

2. L'heure de rendez-vous est :
   - ☐ 15 h
   - ☐ 17 h
   - ☐ 19 h

3. Pierre donne rendez-vous devant :
   - ☐ le café
   - ☐ la bibliothèque
   - ☐ le cinéma

DEUXIÈME PARTIE

해석 및 풀이

본문내용

Salut, Pierre. C'est Jean! Tu n'es pas là? Je sais que tu es occupé en ce moment. Tu n'as pas oublié notre rendez-vous quand même? Je t'attends devant l'entrée du café. En sortant du métro tu traverses le Pont Notre-Dame, tu continues jusqu'au Quai de Gesvres et tu prends la deuxième rue à gauche. Après, tu fais 50 mètres et tu verras la Tour Saint-Jacques à gauche. Le café est en face de la Tour. Je t'attends vers dix-neuf heures. Salut, Jean.

안녕, 삐에르. 나 장이야. 자리에 없구나? 네가 요즘 바쁘다는거 알고 있지만 그래도 우리 약속을 잊어버린 것은 아니겠지? 내가 카페 앞에서 기다리고 있을께. 전철역에서 나와서 노트르담 다리를 건넌 다음, Quai Gesvres 까지 곧장 와, 그리고 두 번째 길에서 왼쪽으로 돌아. 그리고나서, 50m 가면 왼쪽에 쌩-자끄 탑이 보일꺼야. 카페는 그 탑 맞은편에 있어. 19시경에 기다리고 있을게, 안녕. 장.

1) savoir [알고 있다]

je	sais	nous	savons
tu	sais	vous	savez
il, elle	sait	ils, elles	savent
[+명사]	Tu sais le nom de cet homme? [저 남자 이름 아니?]		
[+동사원형]	Elle sait conduire. [그녀는 운전할 줄 압니다]		
[+que + 절]	Il sait qu'il viendra. [나는 그가 올 것을 압니다]		

2) occupé(e)

[바쁜]	Je suis occupé. [저는 바쁩니다]
[통화중인]	La ligne est occupée. [전화가 통화중입니다]

3) gérondif : en + -ant

- 원인 : En voyant son embarras, la police se fit plus aimable.
  [그가 당황해하는 것을 보고, 경찰은 좀 더 부드럽게 대했다]
- 조건, 추측 : Elle réussirait mieux, en s'y prenant autrement.
  [그것을 다르게 생각한다면 그녀는 더 성공할 수 있을꺼야]
- 동시성 : Ne lis pas en mangeant. [먹으면서 읽지 마라]
- 양태, 방법 : En forgeant on devient forgeron.

4) 단순미래

Je	-rai	Nous	-rons
Tu	-ras	Vous	-rez
Il, Elle	-ra	Ils, Elles	-ront

- 사건이나 사실이 말하는 순간 이후에 일어날 때
  Je partirai demain. [나는 내일 떠날꺼야]

1. **Le café se trouve dans la rue de Rivoli, en face de la Tour St-Jacques.**
   [카페는 리볼리 거리에 있고 쌩-쟈끄 탑 맞은편에 있다]

2. **L'heure de rendez-vous est : [약속시간은?]**
   - ☐ 15 h
   - ☐ 17 h
   - ☒ 19 h

3. **Pierre donne rendez-vous devant : [삐에르는 ~앞에서 약속을 정한다]**
   - ☒ le café
   - ☐ la bibliothèque
   - ☐ le cinéma

2. 길 또는 장소를 묻는 대화

예 제

■ Exercice 3

Lire pour s'orienter

Paul demande son chemin à une personne dans la rue. Répondez aux questions.

Paul :	Pardon, monsieur ! Je cherche __________, s'il vous plaît!
A :	C'est très facile à trouver. On est devant les Invalides. Vous tournez à la deuxième rue à droite et vous allez tout droit. __________ est sur votre gauche. Vous comprenez?
Paul :	Non, monsieur. Je ne suis pas d'ici, alors, je n'ai pas bien compris ce que vous avez dit. C'est loin d'ici?
A :	Non, pas vraiment. Ça prend vingt minutes à pied. Si vous voulez, je vous accompagne jusque là-bas.
Paul :	Merci. Vous êtes très gentil.

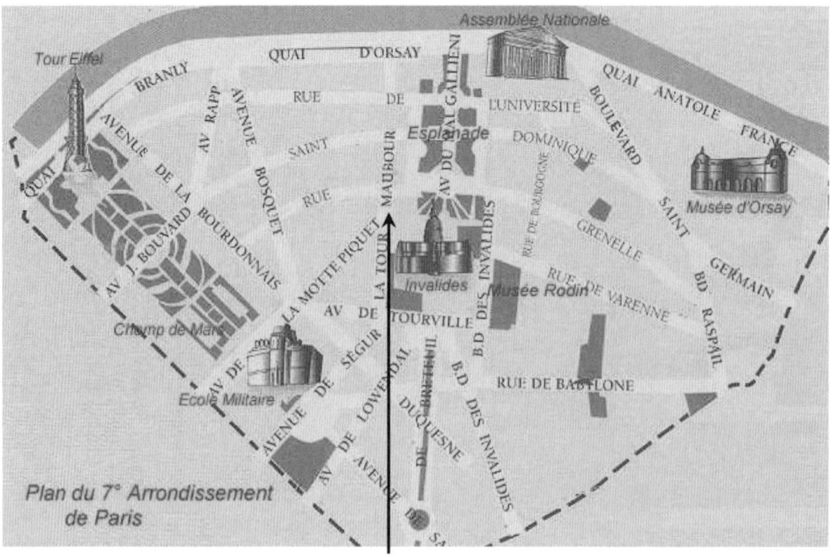

Vous êtes ici.

1. Paul cherche ________________
   - ☐ l'École militaire ☐ le Musée d'Orsay ☐ la Tour Eiffel

2. Ça prend combien de temps pour aller à l'endroit où Paul veut aller?
   - ☐ 10 minutes ☐ 20 minutes ☐ 30 minutes

해석 및 풀이

본문내용

Paul : Pardon, monsieur! Je cherche __________, s'il vous plaît!

A : C'est très facile à trouver. On est devant les Invalides. Vous tournez à la deuxième rue à droite et vous allez tout droit. __________ est sur votre gauche. Vous comprenez?

Paul : Non, monsieur. Je ne suis pas d'ici, alors, je n'ai pas bien compris ce que vous avez dit. C'est loin d'ici?

A : Non, pas vraiment. Ça prend vingt minutes à pied. Si vous voulez, je vous accompagne jusque là-bas.

Paul : Merci. Vous êtes très gentil.

Paul : 실례합니다, 선생님! 제가 ____를 찾고 있는데요!

A : 찾기 아주 쉬워요, 우리가 앵발리드 앞에 있거든요, 두 번째 길에서 오른쪽으로 돈 다음에 곧장 가세요. ____은 당신 왼쪽에 있어요. 아시겠어요?

Paul : 아니오. 제가 이곳 사람이 아니라서 당신이 말씀하신 것을 이해를 잘 못하겠습니다. 이곳에서 멀어요?

A : 아니오. 걸어서 20분 정도 걸립니다. 원하시면, 제가 그곳까지 동행해드리죠

Paul : 고맙습니다. 정말 친절하시네요

1) 부탁이나 잘못을 했을 때 사용하는 표현

Pardon!	Excusez-moi!	S'il vous plaît!

2) devant

[전치사]	[공간 : ~앞에]	Regardez devant vous! [당신 앞을 보세요!]
	[차례 : 먼저]	devant toutes choses [무엇보다도 먼저]
[부사]	[앞으로]	aller devant [앞서 가다]

3) 서수 : 기수 + -ème

un	deux	trois	quatre
premier(ère)	deuxième (seconde)	troisième	quatrième

4) droit

[형용사]	[똑바로, 옳은]	en ligne droite [일직선으로] un cœur droit [곧은 마음]
[여성명사]	[오른쪽]	de droite et de gauche [사방 팔방으로]

5) 신체의 일부를 나타내는 어휘들

주어	avoir	mal	au	bras [팔] pied [발] ventre [배] nez [코]
			à la	jambe [다리] tête [머리] main [손]
			à l'	oeil [눈] oreille [귀]
			aux	yeux [눈]

6) 감사에 대한 표현과 답변

감사	Merci (beaucoup, bien).	답변	Je vous en prie.
	Je vous remercie (beaucoup, bien).		De rien.
	Vous êtes (très) gentil(le).		Il n'y a pas de quoi.
			Mais non.

7) 사과의 표현과 답변

사과	Excusez-moi	답변	Ce n'est pas grave.
	Pardon		

1. Paul cherche ________________ [뽈은 ___를 찾고 있다]
    - ☐ l'École militaire
    - ☐ le Musée d'Orsay
    - ☒ la Tour Eiffel

2. Ça prend combien de temps pour aller à l'endroit où Paul veut aller?
   [뽈이 가려고 하는 장소를 가는데 얼마의 시간이 걸리나?]
    - ☐ 10 minutes [10분]
    - ☒ 20 minutes [20분]
    - ☐ 30 minutes [30분]

DEUXIÈME PARTIE

DEUXIÈME PARTIE : Exercice 4 유형

프로그램 관련 내용 이해하기

두 번째 단계의 독해평가 중 각종 미디어 매체를 통해 그에 대한 내용을 정확히 분석하고 있는지를 묻는 문제로서 다음과 같이 유형을 구분할 수 있다.

1. TV 프로그램
2. 영화 프로그램
3. 스포츠 프로그램
4. 음악 연주회 프로그램

예제 1

■ Exercice 4

Lire pour s'informer et discuter

Les Poupées russes de Cédric Klapisch	Batman Begins de Christopher Nolan	La guerre des mondes
Séances à 11h05, 13h45, 16h25, 19h05 Film français. Genre : comédie.	Séances à 10h30, 13h10, 15h50, 18h30 Genre : Aventure En version française.	Séance à 12h, 15h, 19h40, 22h15, dimanche 23h Film américain. Genre : Fantastique, Drame Durée : 1h 56min.
Plein tarif : 8,20 à 8,40€. Tarif réduit : 6,80€ (étudiant, de 12 à 18 ans)	Plein tarif : 8,20 à 8,40€. Tarif réduit : 6,80€ (étudiant, de 12 à 18 ans)	Plein tarif : 9,30€

1. Paul adore les comédies. Il va voir ______

   □ Les Poupée russes
   □ Batman begins
   □ La guerre des mondes

2. Marie aime tous les genres de films. Mais, comme elle travaille tous les jours même le week-end, elle est libre seulement dimanche soir. Quel film peut-elle voir?

   □ Les Poupée russes
   □ Batman begins
   □ La guerre des mondes

해석 및 풀이

본문내용

Les Poupées Russes de Cédric Klapisch Séances à 11h05, 13h45, 16h25, 19h05 Film français. Genre : comédie. Plein tarif : 8,20 à 8,40 €. Tarif réduit : 6,80 € (étudiant, de 12 à 18 ans)	Cédric Klapisch의 러시아 인형들 상영시간 : 11시5분, 13시 45분, 16시25분, 19시 05분 프랑스 영화 장르 : 코미디 요금 : 8.2~8.4유로 할인요금 : 6.8유로(12세에서 18세 학생)

Batman Begins de Christopher Nolan Séances à 10h30, 13h10, 15h50, 18h30 Genre : Aventure En version française. Plein tarif : 8,20 à 8,40 €. Gaumont Tarif réduit : 6,80 € (étudiant, de 12 à 18 ans)	Christopher Nolan의 Batman Begins 상영시간 : 10시30분, 13시 10분, 15시50분, 18시 30분 장르 : 어드벤처 프랑스어 버전 요금 : 8.2~8.4유로 할인요금 : 6.8유로(12세에서 18세 학생)

La guerre des Mondes Film américain. Séance à 12h, 15h, 19h40, 22h15, dimanche 23h Genre : Fantastique, Drame Durée : 1h 56min. Plein tarif : 9,30€	우주전쟁 미국영화 상영시간 : 12시 15분, 15시, 19시 40분, 22시 15분, 일요일 23시 장르 : 환타지, 드라마 상영시간 : 1시간 56분 요금 : 9.3유로

1. Paul adore les comédies. Il va voir ______.

[뽈은 코메디 영화를 아주 좋아한다. 그는 ____를 볼 것이다]

☒ Les Poupée russes

☐ Batman begins

☐ La guerre des mondes

2. Marie aime tous les genres du film. Mais, comme elle travaille tous les jours même le week-end. Elle est libre seulement dimanche soir. Quel film peut-elle voir? [마리는 모든 종류의 영화를 좋아한다. 하지만, 주말에도 일을 해야 하기 때문에 일요일 저녁에만 시간이 있다. 어떤 영화를 볼 수 있는가?]
   - ☐ Les Poupée russes
   - ☐ Batman begins
   - ☒ La guerre des mondes

예제 2

▪ Exercice 4

Lire pour s'informer et discuter

France 2

20h50. Le temps de la désobéissance, Téléfilm historique (1h45mn)

France 3

20h55 JO. Patinage artistique (2h40mn)

Canal +

20h50. Spider-Man 2, Film d'action, Lundi (2h10mn)

France 5

20h00. De Gaulle－Churchill, mémoires de guerre, Histoire Partie 1 sur 2, Juin 1940 ~ novembre 1942 (Documentaire)

1. Quelle chaîne peut-on choisir pour voir le programme sur les Jeux Olympiques?
   - ☐ France 5
   - ☐ France 3
   - ☐ France 2

2. Mon père était résistant à la Seconde Guerre mondiale. Quelle chaîne peut-elle lui rappeler son souvenir de cette époque-là?
   - ☐ Canal +
   - ☐ France 3
   - ☐ France 5

3. Paul adore la bande dessinée et Il y a un film qui est motivé par la bande dessinée américaine. Quelle chaîne doit-il choisir?
   - ☐ France 2
   - ☐ France 3
   - ☐ Canal +

해석 및 풀이

1. France 2 : 20h50. Le temps de la désobéissance, Téléfilm historique (1h45mn)
   [저녁 8시 50분. 반항의 시대(시절), 역사물의 텔레비전 영화 (상영 시간 1시간 45분)]

1) le temps

[시간]	Le temps passe vite. [시간은 정말 빨리 간다]
[시대]	ces derniers temps [최근에] depuis ce temps-là [그 이후]
[시기]	bien choisir son temps [시기를 잘 택하다]
[날씨]	Quel temps fait-il? [날씨가 어때요?]

2) historique

[역사적인]	personnage historique [역사적 인물] journée historique [역사적인 날]

2. France 3 : 20h55 JO. Patinage artistique (2h40mn)
[저녁 8시 55분 올림픽 경기. 피겨 스케이트 (2시간 40분)]

1) le patinage

[스케이트]	patinage de vitesse [스피드 스케이트] piste de patinage [스케이트장]

▸ 어미로 성 구분하기

남성형 어미		여성형 어미	
-age	fromage[치즈] voyage [여행]	-esse	richesse [부유] sagesse [지혜]
-(e)au	bureau [사무실] chapeau [모자]	-ette	fillette [계집애] dette [부채]
-et	paquet [상자] ticket [표]	-(a)ence	expérience [경험] chance [기회]
-ment	moment[순간] logement [숙소]	-tion	question [질문] nation [국가]
-oir	soir [저녁] miroir [거울]	-té	santé [건강] bonté [호의]
-isme	communisme [공산주의]	-ure	blessure [상처] ceinture [벨트]
		-ie	nostalgie [향수] économie [절약]

3. Canal + : 20h50. Spider-Man 2, Film d'action , Lundi (2h10mn)
[저녁 8시 50분. 스파이더맨, 액션영화, 월요일 (상영시간 2시간 10분)]

1) le film

[영화]	tourner un film [영화를 찍다]	film-annonce [예고편]
	film noir et blanc [흑백영화]	film documentaire [기록영화]

2) une action

[행위]	une bonne action [선행]
[활동]	passer l'action [실천에 옮기다]
[줄거리]	L'action de ce film se passe en Italie. [이 영화 이야기는 이탈리아에서 전개된다]

4. France 5 : 20h00. De Gaulle-Churchill, mémoires de guerre, Histoire Partie 1 sur 2, Juin 1940 ~ novembre 1942 (Documentaire)
[저녁 8시. 드골-처칠, 전쟁 기록, 2편 중 1편, 1940년 6월 ~ 1942년 11월까지 (기록)]

1) le / la mémoire

[남성 : 논문]	mémoire de maîtrise [대학원 석사 논문]
[여성 : 기억]	avoir bonne mémoire [기억력이 좋다]

▸ 성에 따라 의미가 달라지는 명사들

un livre [책] / une livre [파운드]	un mémoire [논문] / une mémoire [기억]
un mode [방식] / une mode [유행]	un tour [선회] / une tour [탑]

2) une partie

[일부]	diviser qch en deux parties [~을 둘로 나누다]
[시합]	gagner la partie [시합을 이기다]
[파티]	partie de campagne [야외 피크닉]

1. Quelle chaîne peut-on choisir pour voir le programme sur les Jeux Olympiques?
[올림픽 경기에 관한 프로그램을 보기 위해서는 어떤 채널을 선택할 수 있는가?]
   - ☐ France 5
   - ☒ France 3
   - ☐ France 2

2. Mon père était résistant à la Seconde Guerre mondiale. Quelle chaîne peut-elle lui rappeler son souvenir de cette époque-là?
[나의 아버지는 세계 2차 대전때 레지스탕스였다. 이 시대의 추억을 떠올리게 하는 것은 어떤 채널인가?]
   - ☐ Canal +
   - ☐ France 3
   - ☒ France 5

3. Paul adore la bande dessinée et Il y a un film qui est motivé par la bande dessinée américaine. Quelle chaîne doit-il choisir?
[뽈은 만화를 아주 좋아하는데 미국 만화에 영향을 받은 영화가 있다. 어떤 채널을 선택해야 하는가?]
   - ☐ France 2
   - ☐ France 3
   - ☒ Canal +

예제 3

■ Exercice 4
Lire pour s'informer et discuter

Fauteuils d'orcheste

Comédie (1h 46min)   Date de sortie : 15/02/2006
De Danièle Thompson
Avec Cécile de France, Albert Dupontel
Presse : ☆☆   Spectateurs : ☆☆☆

Engagée comme serveuse dans un barde l'avenue Montaigne, une jeune provinciale côtoie de nombreuses personnalités du monde de l'art, notamment un pianiste, une actrice et un collectionneur

Le Nouveau monde

Aventure (2h 16min)   Date de sortie : 15/02/2006
De Terrence Malick
Avec Colin Farrell, Christian Bale
Presse : ☆☆☆   Spectateurs : ☆☆

La confrontation au début du XVIIe siècle entre le peuple indien, les Powhatan, dont fait partie la belle Pocahontas, et les colons anglais menés par le fringant aventurier John Smith.

Munich

Drame (2h 40min) Date de sortie : 25/01/2006
De Steven Spielberg avec Eric Bana, Daniel Craig
Presse : ☆☆☆ Spectateurs : ☆☆☆
Critiques : Presse ☆☆☆ Spectateurs ☆☆☆

Avner, un jeune agent du Mossad, prend la tête d'une équipe de quatre hommes, chargée de traquer à travers le monde onze représentants de Septembre Noir désignés comme responsables de l'attentat de Munich...

Le Monde de Narnia

Le Monde de Narnia : chapitre 1:
le lion, la sorcière blanche et l'armoire magique
(The Chronicles of Narnia :
The Lion, the Witch and the Wardrobe)
Fantastique (2h 20min) Date de sortie : 21/12/2005
De Andrew Adamson avec Georgie Henley, Skandar Keynes
Presse : ☆☆ Spectateurs : ☆☆☆

Quatre enfants pénétrent dans une armoire magique qui les propulse dans le monde de Narnia. Autrefois paisible, ce pays magique peuplé de nains et de géants est aujourd'hui congelé par la maléfique Sorcière Blanche.

1. Parmi les quatre films, lequel est le film français?

2. Quel film concerne-t-il le monde magique?

3. Quel film s'est-il réalisé par le metteur en scène célèbre qui a fait le film 『La Guerre des Étoiles (Star Wars)』 ?

해석 및 풀이

1. Fauteuils d'orchestre

Comédie (1h 46min) Date de sortie : 15/02/2006
De Danièle Thompson Avec Cécile de France, Albert Dupontel
Presse : ☆☆ Spectateurs : ☆☆☆

Engagée comme serveuse dans un bar de l'avenue Montaigne, une jeune provinciale côtoie de nombreuses personnalités du monde de l'art, notamment un pianiste, une actrice et un collectionneur.

『오케스트라의 안락의자들』
코메디로 상영시간 1시간 46분 개봉일 : 2006년 2월 15일.
몽테뉴 거리의 한 바에서 여종업원으로 일하는 한 젊은 지방출신의 여인이 피아니스트와 여자 배우 그리고 수집가와 같은 예술 세계의 많은 인물들과 사귀게 된다.

2. Le Nouveau monde (The New world)

Aventure (2h 16min) Date de sortie : 15/02/2006
De Terrence Malick Avec Colin Farrell, Christian Bale
Presse : ☆☆☆ Spectateurs : ☆☆

La confrontation au début du XVIIe siècle entre le peuple indien, les Powhatan, dont fait partie la belle Pocahontas, et les colons anglais menés par le fringant aventurier John Smith.

『새로운 세계』
모험을 그린 영화로 상영시간 2시간 16분 개봉일 : 2006년 2월 15일
17세기 초 인디언이자 아름다운 여인 포카혼타스가 속한 포와탄족과 용감무쌍한 모험가인 존 스미스가 이끄는 영국인 개척자들 간의 충돌을 그린 영화

3. Munich

Drame (2h 40min)   Date de sortie : 25/01/2006
De Steven Spielberg avec Eric Bana, Daniel Craig
Presse : ☆☆☆   Spectateurs : ☆☆☆

Avner, un jeune agent du Mossad, prend la tête d'une équipe de quatre hommes, chargée de traquer à travers le monde onze représentants de Septembre Noir désignés comme responsables de l'attentat de Munich...

『뮌헨』
극적 드라마로서 상영시간은 2시간 40분   개봉일 : 2006sis 1월 25일
모사드의 젊은 요원인 아브너는 4명으로 이루어진 팀의 팀장이 되는데 이들은 뮌헨 테러의 책임자로 지명된 검은 9월단의 대표 11명을 전세계를 뒤져 추적하는 임무를 맡게 된다.

4. Le Monde de Narnia

chapitre 1 – le lion, la sorcière blanche et l'armoire magique
(The Chronicles of Narnia : The Lion, the Witch and the Wardrobe)
Fantastique (2h 20min)   Date de sortie : 21/12/2005
De Andrew Adamson avec Georgie Henley, Skandar Keynes
Presse : ☆☆   Spectateurs : ☆☆☆

Quatre enfants pénétrent dans une armoire magique qui les propulse dans le monde de Narnia. Autrefois paisible, ce pays magique peuplé de nains et de géants est aujourd'hui congelé par la maléfique Sorcière Blanche.

『나니아 연대기』
1편 – 사자와 눈의 마법사 그리고 마술 옷장
환타지로 상영시간 2시간 20분   개봉일 : 2005년 12월 21일
4명의 아이들이 마술 옷장을 통해 나디아의 세상으로 가게 된다. 옛날에는 평화롭기만 하던 난장이와 거인들로 이루어진 이 마술 나라는 오늘날에는 못된 눈의 여마법사에 의해 모든 것이 꽁꽁 얼어버렸다.

1. Parmi les quatre films, lequel est le film français? → Fauteuils d'orchestre
[4편의 영화 중 어떤 것이 프랑스 영화인가?]

2. Quel film concerne-t-il le monde fantastique? → Le Monde de Narnia
[어떤 영화가 마술의 세계와 관계있는가?]

3. Quel film s'est-il réalisé par le metteur en scène célèbre qui a fait le film 『La guerre des étoiles (Star Wars)』? → Munich
[별들의 전쟁이라는 영화를 만든 유명한 감독에 의해 만들어진 영화는 어떤 것인가?]

TROISIÈME PARTIE

쓰기평가(Production écrite)

두 부분으로 나누어 평가한다 :

A. 짤막한 쪽지, 표fiche, 신청용지formulaire에 알맞은 내용으로 빈칸 채우기

B. 일상생활에 관계되는 주제에 관해 간단한 문장을 이용하여 작문하기
(우편엽서: carte postale, 메시지: message, 간단한 그림에 대한 내용: légende)

CONTENT

TROISIÈME PARTIE : Exercice 1 유형

신청서 또는 양식 작성하기

세 번째 단계의 쓰기평가 중 각 상황에 따라 주어진 서식 양식을 올바로 기입하는 문제로서 다음과 같이 문제의 유형을 구분할 수 있다.

1. 등록서류 기재하기
2. 학교에 등록할 때
3. 카드등록서류 기재하기

1. 등록서류 기재하기

예제 1

■ Exercice 1

Compléter un formulaire

Complétez votre fiche d'inscription :

Nom de famille : ______________________
Prénom : ______________________
Nationalité : ______________________
Date de naissance : ______________________
Lieu de naissance : ______________________
Situation de famille : marié(e) ☐
célibataire ☐
Profession : ______________________
Adresse : ______________________
____
Téléphone : ______________________

해석 및 풀이

Compléter un formulaire (서식을 완성하시오)

1) compléter : -er 의 1군 동사의 불규칙 변화

je	complète	nous	complétons
tu	complètes	vous	complétez
il, elle	complète	ils, elles	complètent
[보충하다, 채우다]	Complétez les phrases! [문장을 완성시키시오!]		

2) un formulaire [질문용지, 앙케이트]

3) 서식 작성시 유의사항

성명	앞에 있는 것이 이름 (prénom) 이고 뒤에 있는 것이 성 (nom)
	결혼한 여성의 경우 성은 남편 성을 따름
생년월일	날짜, 달, 년도 어순으로 작성 (작은 단위 순서대로)
주소	번지, 거리 이름, 도시, 국가 순 (작은 단위 순서대로)

본문내용 및 작성 예

Nom de famille [성] : Lefèvre
Prénom [이름] : Pascal
Nationalité [국적] : Française
Date de naissance [생년월일] : 06 07 1961
Lieu de naissance [출생지] : Paris
Situation de famille [가족상황] : marié(e) [기혼] ☐
célibataire [미혼] ☒
Profession [직업] : professeur
Adresse [주소] : 14 rue Henri Barbusse, 94340 Joinville le pont
Téléphone [전화] : 01 48 83 96 58

예제 2

■ Exercice 1

Compléter un formulaire

Complétez la fiche selon la présentation.

Je m'appelle Gérard Leroy. Je suis né à Nice mais j'habite à Paris en ce moment. J'ai quarante-trois ans et je suis célibataire. Je suis français. Je suis médecin et je travaille dans un hôpital.

Nom : ______________________
Prénom : ______________________
Nationalité : ______________________
Situation de famille : marié ☐
célibataire ☐
Profession : ______________________
Lieu de travail : ______________________
Âge : ______________________
Lieu de naissance : ______________________

해석 및 풀이

Compléter un formulaire (서식을 완성하시오)

본문내용

Je m'appelle Gérard Leroy. Je suis né à Nice mais j'habite à Paris en ce moment. J'ai quarante-trois ans et je suis célibataire. Je suis français. Je suis médecin et je travaille dans un hôpital.
내 이름은 제라르 르후와 입니다. 나는 니스에서 태어났지만 지금은 파리에서 살고 있습니다. 나는 43살이고 독신입니다. 나는 프랑스인입니다. 나는 의사이고 병원에서 일하고 있습니다.

본문내용

Nom : Leroy Prénom : Gérard Nationalité : Français Situation de famille : marié ☐ célibataire ☒	Profession : Médecin Lieu de travail : L'hôpital Âge : 43 Lieu de naissance : Nice

2. 학교에 등록할 때

예 제

■ Exercice 1

Compléter un formulaire

Complétez votre fiche d'inscription :

Bulletin d'inscription

Merci de le remplir en lettres capitales

NOM :

PRENOM :

DATE ET LIEU DE NAISSANCE :

SITUATION FAMILIALE :

ADRESSE PERSONNELLE :

TEL PORTABLE :

E-MAIL :

ACTIVITE PROFESSIONNELLE :

<Je vous confirme mon inscription pour la formation politique de l'Institut Catholique qui comprend au moins 200 h de cours répartis sur 2 ans. Je verse à titre d'inscription la somme de 250 euros.>

SIGNATURE : DATE : le

해석 및 풀이

본문내용

Bulletin d'inscription [등록서류]
Merci de le remplir en lettre capitale [대문자로 작성해주시기 바랍니다]

NOM [성] : JUNG
PRENOM [이름] : IL YOUNG
DATE ET LIEU DE NAISSANCE [출생지 및 생년월일] : 06 07 1980, SÉOUL
SITUATION FAMILIALE [가족상황] : MARIÉ [기혼]
ADRESSE PERSONNELLE [주소] : 14-154 CHANG-DONG SEODAEMOON-GU SÉOUL, CORÉE
TEL PORTABLE [휴대폰 번호] : 011 9482 1470
E-MAIL [E-메일 주소] : TOUTAHEURE@YAHOO.CO.KR
ACTIVITE PROFESSIONNELLE [현재 직업] : ÉTUDAINT

Je vous confirme mon inscription pour la formation politique de l'Institut Catholique qui comprend au moins 200 h de cours répartis sur 2 ans.
Je verse à titre d'inscription la somme de 250 euros.
저는 2년 동안 최소한 200시간을 포함하는 카톨릭 어학기관의 정치학 분야에 등록을 확인하는 바입니다. 등록비로 250유로의 금액을 보냅니다.

SIGNATURE [사인] : *Jung Ilyoung* DATE [날짜] : le 12. 07. 2005

3. 카드등록서류 기재하기

예 제

■ Exercice 1
Compléter un formulaire

Complétez votre fiche d'inscription :

Période de validité de la carte Du 2 septembre 2005 Au 30 juin 2006 (selon le calendrier scolaire dépatementale)

REPRESENTANT LEGALE NOM ____________________ PRENOM ______________________ ADRESSE ____ CODE POSTALE ___________ VILLE _________ TEL ___________ PERSONNE à Prévenir en cas d'urgence _______ TEL ___________ ETABLIESSEMENT SCOLAIRE FREQUENTE ___________________

해석 및 풀이

본문내용

Période de validité de la carte 카드의 유효기간 Du 2 septembre 2005 Au 30 juin 2006 2005년 9월 2일부터 2006년 6월 30일까지 (selon le calendrier scolaire dépatementale 지역 학군별 일정표에 따라)

본문내용

REPRESENTANT LEGALE [법적 서류상의 제시]

NOM [이름]: Laporte PRÉNOM [이름] : Corinne
ADRESSE [주소]: 14 rue Henri Barbusse
CODE POSTALE [우편번호]: 94340
VILLE [마을]: Joinville le pont TEL [전화]: 01 48 83 96 58
PERSONNE à prévenir en cas d'urgence [위급할 시 연락을 취할 사람] : Marcel
TEL [전화]: 01 47 8 8 54 69
ETABLISSEMENT SCOLAIRE FRÉQUENTE : Jule
[현재 다니고 있는 학교]

TROISIÈME PARTIE : Exercice 2 유형

편지글 쓰기

세 번째 단계의 쓰기평가 중 주어진 상황 또는 주제에 따라 문제에서 요구하는 사항들을 적절한 어휘와 올바른 문법 및 표현을 써서 편지 또는 e-mail 쓰는 문제로서 다음과 같이 문제의 유형을 구분할 수 있다. 특히 편지의 경우, 정해진 규칙에 유의해야 한다.

1. 여행 중 부모에게 보내는 편지
2. 여행 중 친구에게 보내는 편지
3. 친구에게 의견을 묻는 편지

1. 여행 중 부모에게 보내는 편지

예 제

■ Exercice 2
Correspondance

Vous êtes en vacances. Vous envoyez une lettre à votre mère à Paris.
Vous lui parlez du temps, de vos actvités et vous lui donnez votre date de retour. (50 à 60 mots)

해석 및 풀이

작문에서 갖추어야 할 주요 사항들

1. 친근한 사이에 주고받는 편지에서 갖추어야 할 의례적인 형식적 요소들
   - 편지를 쓴 날짜와 장소를 편지 양식 위쪽 오른편에 기입한다.
     순서는 날짜, 달, 년도, 편지를 쓴 장소 순이다.
   - 인사말
     친근한 표현을 먼저 쓰고, 줄을 바꿔 안부를 묻는 말을 쓴다.
   - 맺음말
     친근한 사이에 쓰는 표현을 쓰고 맨 마지막에 편지를 쓴 사람의 이름을 쓴다.
     첨가해야 할 사항이 있으면 P.S를 쓴다.

2. 편지의 내용
    - 편지를 읽는 사람이 보았을 때 편지의 내용 또는 목적이 무엇인지를 즉시 이해할 수 있도록 간결성과 정확성을 지녀야 한다.
    - 초대의 경우
      초대하는 이유나 원인
      초대하는 날짜와 장소

3. 시제와 어휘의 정확한 구사
과거를 써야 하는 시제와 미래를 써야 하는 경우 시제의 구분이 명확하지 않으면 달하고자 하는 내용이 뒤바뀔 수 있으므로, 유의해야 한다.

작문 예

05 juillet, Nice

Chère maman,
Je suis bien arrivé à Nice. Il y avait beaucoup de monde sur l'autoroute. Quel temps fait-il à Paris ? Ici, il fait très chaud depuis hier. J'ai trouvé un petit hôtel pas cher. Je suis allé au théâtre hier soir. J'ai vu la pièce pour la première fois et c'était extraordinaire. Aujourd'hui, je vais aller à la plage et je vais bien m'amuser. Je rentrerai à Paris demain.

Je t'embrasse. Jean

7월 5일, 니스

사랑하는 엄마에게, 저는 어제 니스에 잘 도착했어요. 고속도로에 사람들이 무척 많았죠. 파리는 날씨가 어때요 ? 여기는 어제부터 매우 더워요. 전 비싸지 않은 조그만 호텔을 구했어요. 어제 저녁에는 연극을 보러 갔지요. 처음 연극을 보는 거였지만, 정말 좋았어요. 오늘, 바닷가에 가서 재미있게 놀거에요. 그리고 모레 파리로 돌아갈께요.

사랑해요. 장

1) 형용사의 여성형

-er → -ère	léger [가벼운] → légère	cher [사랑하는, 비싼] → chère

2) 가족의 애칭

père	mère	oncle	grand-père	grand-mère
papa	maman	tonton	pépé	mémé

3) 복합과거

être + 과거분사	주어의 성과 수에 일치	Elle est entrée.
avoir + 과거분사	X	Elle a acheté une voiture.

4) avoir 동사의 반과거

Je	-ais	Nous	-ions
Tu	-ais	Vous	-iez
Il, Elle	-ait	Ils, Elles	-aient

▸ 과거의 반복이나 습관적인 사실
Autrefois, il venait me voir. [옛날에, 그는 나를 보러 오곤했다]

5) 양을 나타내는 부사들

assez [꽤, 충분히]	Il a assez mangé. [그는 꽤 먹었어]
beaucoup [많이]	Il travaille beaucoup. [그는 일을 많이 한다]
très [매우]	Il fait très chaud. [날씨가 매우 덥다]
trop [너무]	Il est trop grand. [그는 키가 너무 크다]
peu [거의 (부정)]	Elle mange peu. [그녀는 거의 먹지 않는다]

6) 날씨를 나타내는 표현들

<table>
<tr><td rowspan="3">Quel temps fait-il?</td><td rowspan="2">Il fait</td><td colspan="2">chaud, froid, beau, mauvais.</td></tr>
<tr><td>du</td><td>soleil, vent.</td></tr>
<tr><td>Il</td><td colspan="2">pleut, neige.</td></tr>
</table>

2. 여행 중 친구에게 보내는 편지

예 제

■ Exercice 2

Correspondance

Vous envoyez une lettre à votre ami à Lyon.
Vous lui parlez du temps, de vos actvités et vous lui donnez votre date de retour. (50 à 60 mots)

____
____
____
____
____
____
____

해석 및 풀이

본문내용

le 6 aôut, Paris

Cher Jean
Comment ça va? Moi, je vais bien. Quel temps fait-il à Lyon?
Ici, il pleut. Je suis arrivée à Paris hier. Maintenant, je suis chez mon ami, Pierre. Sa maison est petite, mais très jolie.
Pierre et moi, on va dîner au restaurant ce soir. Et demain, je vais visiter le musée du Louvre. Je vais rentrer à Lyon la semaine prochaine.
Bises.

Isabelle

<table><tr><td>

8월 6일, 파리

장에게

어떻게 지내니? 나는 잘 지내고 있어. 리용 날씨가 어때?

여기는 비가 오고 있어. 나는 어제 파리에 잘 도착했어. 지금은 내 친구인 삐에르 집에 있어. 그의 집은 작지만 아주 예뻐.

삐에르하고 나는 오늘 저녁에 식당에서 저녁을 먹을꺼야. 그리고 내일은 루브르 박물관을 구경할 생각이야. 다음 주에 리용으로 돌아갈꺼야.

</td></tr></table>

1) 안부를 묻는 표현

Comment allez(vas)-vous(tu)?	Je vais bien, merci.
Comment ça va?	Ça va.
Ça va?	
Vous (Tu) allez (vas) bien?	

2) 근접미래 : aller + 동사원형

3) 자주 쓰이는 자동사들

partir [떠나다]	arriver [도착하다]	entrer [들어오다]	sortir [외출하다]
naître [태어나다]	mourir [죽다]	monter [올라가다]	descendre [내려가다]
aller [가다]	venir [오다]	courir [달리다]	marcher [걷다]

3. 친구에게 의견을 묻는 편지

예 제

■ Exercice 2

Correspondance

Vous avez vu sur ce site une maison au Canada qui vous intéresse pour les vacances. Vous écrivez à un ami pour lui en parler :

- Vous lui présentez votre projet.
- Vous lui dites quand vous voulez aller en vacances là-bas.
- Vous lui proposez de vous accompagner.

(100 mots environ)

해석 및 풀이

본문내용

Vous avez vu sur ce site une maison au Canada qui vous intéresse pour les vacances. Vous écrivez à un ami pour lui en parler :

- Vous lui présentez votre projet.
- Vous lui dites quand vous voulez aller en vacances là-bas.
- Vous lui proposez de vous accompagner.

(100 mots environ)

당신은 휴가를 보내기 위해 당신에게 흥미가 당기는 캐나다에 집이 있는 이 싸이트를 보았습니다. 당신은 이것에 대해 친구에게 말하기 위해 편지를 씁니다.

- 당신의 계획을 그에게 소개하세요.
- 당신이 그곳에서 휴가를 보내고 싶을 때를 그에게 말하세요.
- 그에게 당신과 함께 가자고 제안해보세요. (대략 100 단어)

작문 예

le 3 juin, Paris

Cher Paul,

Comment ça va? Moi, je vais bien. Tu sais? J'ai vu par hasard un site qui fait une offre assez intéressante. Il propose d'échanger une maison ou un appartement aux gens qui veulent voyager à travers le monde. Je pense que c'est une très bonne idée parce que ça coûte trop cher quand on loue une maison ou un appartement en voyageant. J'ai l'intention de passer mes vacances d'été au Canada. Et toi? Qu'est-ce que tu vas faire pendant les vacances d'été? Si tu n'as pas d'autres projets, tu peux y aller avec moi? On va bien s'amuser tous les deux. Si oui, téléphone-moi d'abord.

Bise à toi.

Pascal

6월 3일, 파리

어떻게 지내고 있니? 나는 잘 지내. 너 그거 아니? 내가 우연히 아주 흥미로운 제안을 하는 싸이트를 보게 되었어. 그 싸이트는 세계를 여행하길 원하는 사람들에게 집이나 아파트를 교환하자고 제의하고 있어. 나는 우리가 여행을 하면서 집이나 아파트를 빌릴 때 너무 비싸기 때문에 이것이 아주 좋은 생각이라고 생각해. 나는 여름 방학을 캐나다에서 보낼 생각이야. 너는? 너는 여름 방학에 뭐할꺼니? 다른 계획이 없으면, 나랑 그곳에 같이 갈래? 우리 둘다 아주 재미있게 지낼꺼야. 좋으면, 우선 내게 전화해줘.

QUATRIÈME PARTIE

구술평가(Production orale)

구술시험은 크게 다음 세부분으로 나누어 평가한다 :

A. 시험 감독관과의 질의응답 형식

B. 정보의 교환

C. 가상으로 상황을 정해놓고 진행하는 시뮬레이션 대화

CONTENT

QUATRIÈME PARTIE : Exercice 1 유형

면접관과 응시자의 질의응답

네 번째 단계의 구술평가 중 기본적인 사항 등을 묻고 대답하는 형식으로 단행되는 데 다음과 같이 문제의 유형을 구분할 수 있다.

1. 개인적인 인적 사항에 관한 질의응답
2. 일상생활에 관한 질의응답
3. 선호도에 관한 질의응답

질문내용

<table>
<tr><td rowspan="9">개인 및 가족상황에 대한 질문</td><td colspan="2">이 름</td></tr>
<tr><td rowspan="6">가족 소개</td><td>결혼 여부 (기혼인가 미혼인가?)</td></tr>
<tr><td>자녀 여부 (자식이 있는가 없는가?)</td></tr>
<tr><td>자녀의 나이</td></tr>
<tr><td>형제, 자매의 유무</td></tr>
<tr><td>형제, 자매들이 살고 있는 곳</td></tr>
<tr><td>형제, 자매들의 직업</td></tr>
<tr><td colspan="2">국 적</td></tr>
<tr><td colspan="2">직 업</td></tr>
<tr><td rowspan="4">일상생활에 관한 질문</td><td rowspan="4">하루 일과에 대한 설명</td><td>기상시간과 취침시간</td></tr>
<tr><td>식사시간과 음식 종류</td></tr>
<tr><td>귀가 시간</td></tr>
<tr><td>저녁에 하는 일</td></tr>
<tr><td rowspan="2">선호도</td><td rowspan="2">좋아하는 것에 대한 질문</td><td>음식 또는 스포츠</td></tr>
<tr><td>TV 프로</td></tr>
</table>

유의사항

- 자신의 개인적 의견을 표명할 때
  - 준비시간 동안, 먼저 해야 할 것은 어떤 방식으로 이야기를 전개해나갈 것인가를 결정하는 것이다. 필기시험과는 달리, 감독관 앞에서 구술을 하는 경우, 가장 많은 실수를 하는 것이 바로 두서없는 이야기 전개이다. 사람 앞에서 말을 할 때 당황한 나머지, 자신이 준비한 내용을 충분히 말하지 못하고, 내용이 뒤죽박죽 섞이는 예가 종종 발생하기 때문에, 무엇보다도 사전에 충분한 연습이 필요한 부분이다.

  - 가능한 한 쉬운 어휘나 표현을 사용하여 간략하면서 명확한 내용으로 꾸민다. 내용이 너무 장황하거나 수준 높게 보이기 위해 어려운 어휘나 표현을 사용하는 경우 감독관이 내용에 대해 물었을 때 당황한 나머지 자신이 말을 해놓고도 기억을 하지 못하는 수가 발생할 수 있다.

1. 개인적인 인적 사항에 관한 질의응답

예 제

1) 이름

[당신의 이름은 무엇입니까?]	[제 이름은 X 입니다]
Quel est votre nom?	Je m'appelle X.
C'est quoi, votre nom?	
Comment vous appelez-vous?	
Vous vous appelez comment?	

	DUPONT	
[당신 이름 철자를 어떻게 쓰죠?] Votre nom, comment ça s'écrit?	D come dire,	U comme union,
[당신 이름을 철자로 불러주세요] Épelez votre nom, s'il vous plait!	P comme parler	O comme oiseau
	N comme nature	T comme temps

2) 국적

[당신의 국적은 어디입니까?]	[나는 한국인입니다.]
Quelle est votre nationalité?	Je suis coréen(ne)
D'où venez-vous?	Je viens de la Corée.

3) 나이

[당신의 나이는 얼마입니까?] Quel âge avez-vous (Vous avez quel âge)?	J'ai + 숫자 + ans.

4) 생년월일

	[나는 ~ 태어났습니다]
[당신의 생년월일은 언제 입니까?] Quelle est votre date de naissance?	Je suis né(e) au 06 07 1961.
[당신은 언제 태어났습니까?] Quand est-ce que vous êtes né(e)?	Je suis née(e) en 1961.

5) 거주지

[당신 어디에 사십니까?] Où habitez-vous? (Vous habitez où)?	[나는 X 에 살고 있습니다] J'habite à + 도시 이름

6) 직업 또는 신분

[당신의 직업은 무엇입니까?]	
Quelle est votre profession?	Je suis étudiant. [나는 학생입니다]
Qu'est-ce que vous faites (dans la vie)?	Je travaille dans un hôpital. [나는 병원에서 일합니다]

7) 고향

[당신 고향은 어디입니까?]	
Quelle est votre ville d'origine?	Je suis d'origine français.
Quel est votre pays natal?	

8) 결혼유무

[결혼 하셨어요?]	
Vous êtes marié(e)?	Oui, je suis marié(e). [예, 결혼 했습니다]
	Non, je suis célibataire. [아니오, 독신입니다]

9) 부모, 형제

[부모]	Vous avez des parents?
[형제, 자매]	Vous avez des frères et des sœurs?

10) 자녀관계

[자녀가 있습니까?] Avez-vous des enfants?	
	Oui, j'en ai deux. [예, 두 명 있습니다]
[몇 명의 자녀가 있습니까?] Combien d'enfants avez-vous?	
	J'ai un garçon et une fille.

11) 가족 일원의 직업이나, 신분

[당신 아버지는 일을 하십니까?] Est-ce que votre père travaille?	[아니오, 정년 퇴직 하셨어요] Non, il est en retraite.
[당신 어머니는 직업이 있으세요?] Votre mère a un travail?	[아니오, 가사일을 돌보세요] Non, elle s'occupe de la maison.

[혼자 살고 있습니까?] Vous habitez tout(e) seul(e)?	[아니오, 부모님과 함께 살고 있어요] Non, j'habite avec mes parents.

2. 일상생활에 관한 질의응답

예 제

1) 기상시간

[몇시에 일어나십니까?]	[6시 반에 일어납니다]
Vous vous levez à quelle heure?	Je me lève à 6 h 30.

2) 아침 식사시간

[아침을 몇시에 먹습니까?]	[7시에 먹습니다]
Vous prenez le petit-déjeuner à quelle heure?	Je prends le petit-déjeuner à 7h.

3) 식사 메뉴

[아침식사에 무엇을 먹습니까?]	[고기를 먹습니다]
Qu'est-ce que vous mangez pour le dîner?	Je prends de la viande.

4) 교통편

[어떻게 학교 (직장)까지 갑니까?]	[전철을 타고 갑니다]
Comment allez-vous à l'école (au travail)?	Je prends le métro.

5) 걸리는 시간

[학교 (사무실)이 집에서 먼가요?]	[걸어서 10분 걸립니다]
Votre école (bureau) est loin de chez vous?	Ça prend 10 minutes à pied.

6) 학교 또는 직장이 시작 또는 끝나는 시간

[수업 (일)이 언제 시작합니까?]	[수업 (일)이 몇 시에 끝이납니까?]
Le cours commence à quelle heure?	Le cours finit à quelle heure?
Votre travail commence quand?	Vous terminez le travail quand?

7) 귀가 시간

[몇 시에 귀가하십니까?]	[19시에 귀가합니다]
À quelle heure rentrez-vous à la maison?	Je rentre à la maison à 19.

3. 선호도에 관한 질의응답

예 제

1) 좋아하는 것

ⓐ 스포츠

[어떤 스포츠를 좋아하십니까?]	[나는 축구를 좋아합니다]
Quel sport aimez-vous?	J'aime beaucoup le football.

[스포츠를 좋아하십니까?]	[예, 아주 좋아합니다]	[아니오, 아주 싫어합니다]
Vous aimez le sport?	Oui, j'adore ça.	Non, je déteste ça.

[운동을 자주 하십니까?]	[일주일에 한번이요]	[매일 아침마다요]
Vous faites souvent du sport?	Une fois par jour.	Tous les matins.

ⓑ 영화

[영화를 좋아하십니까?]	[예, 좋아합니다]	[아니오, 좋아하지 않아요]
Vous aimez le cinéma?	Oui, j'aime bien ça.	Non, je n'aime pas beaucoup ça.

[어떤 종류의 영화를 좋아하십니까?]	[모험 영화를 좋아합니다]
Quel genre du film aimez-vous?	J'aime le film d'aventure.

[극장에는 혼자 가십니까?]	[아니오, 친구들과 같이 갑니다]
Vous allez au cinéma tout(e) seul(e)?	Non, j'y vais avec mes amis.

ⓒ TV

[TV를 자주 보나요?]	[하루에 두시간 정도요]
Vous regardez souvent la télé?	Deux heures par jour.

[어떤 프로그램을 좋아하세요?]	[스포츠 시합 보는 걸 좋아해요]
Quel sorte de programme aimez-vous?	J'aime regarder le match de sport.

2) 여가 활동

[주말에 뭐하세요?]	[친구들을 만납니다]
Qu'est-ce que vous faites le week-end?	Je rencontre mes amis.

해석 및 풀이

■ Entretien dirigé

Q : Parlez-moi un peu de ce que vous faites habituellement pendant la journée.
당신의 일상생활에 대해 좀 말해보세요.

A : Je me lève à 6 heures 30. Je prends un bon bain. Je m'habille et je pars à l'école. Je ne prends pas le petit déjeuner chez moi. Je préfère prendre un sandwich dans un petit café avec mes copains avant de commencer le cours. À midi, je déjeune au restau et nous parlons de nos études. Je rentre à la maison vers 18h et je dîne avec ma famille à 19 heures 30. Puis, je regarde la télé. À 23 h, je dors.
나는 6시 30분에 일어납니다. 샤워를 하고 옷을 입고 나서 학교로 출발합니다. 집에서 아침식사를 하지 않습니다, 저는 수업이 시작하기 전에 친구들과 카페에서 샌드위치를 먹는 것을 더 좋아합니다. 정오에는 학교 식당에서 식사를 하고 공부에 대해 이야기를 합니다. 저녁 6시경에 집으로 귀가해서 식구들과 19시 30분에 저녁을 먹습니다. 그러고 나서 TV를 보죠. 23시에 잠자리에 듭니다.

1) 자주 쓰이는 대명동사들

se lever	[일어나다]	Il se lève tard. [그는 늦게 일어난다]
se laver	[씻다]	Elle se lave les cheveux. [머리를 감는다]
s'habiller	[옷을 입다]	La petite fille s'habille toute seule. [어린 소녀는 혼자서 옷을 입는다]
se coucher	[잠자리에 들다]	Je me couche tôt. [나는 일찍 잠자리에 든다]
se casser	[부러지다]	Il s'est cassé le bras. [그는 팔이 부러졌다]

2) le bain

[목욕]	prendre un bain [목욕하다] salle de bain(s) [목욕탕]

3) avant

[전치사 : + 명사]	Il est arrivé avant moi. [그는 나보다 먼저 도착했다]
[de + 동사원형]	Réfléchissez avant de parler. [말하기 전에 심사숙고하세요]
[부사]	quelques jours avant [며칠 전에]

QUATRIÈME PARTIE : Exercice 2 유형

면접관과 응시자의 정보교환

네 번째 단계의 구술평가 중 주어진 어휘를 응시자가 얼마나 정확성을 가지고 표현할 수 있는가를 평가하는 문제로서 다음과 같이 다양한 유형의 어휘로 구성된다.

1. 컴퓨터
2. 가족
3. 기차와 비행기
4. 축구

질문내용

시험관이 핵심단어 (mot-clé) 가 쓰여져 있는 몇 개의 카드를 응시자에게 보여주면 응시자는 이 핵심단어가 지니고 있는 정확한 의미와 기능에 대해 응시자에게 질문을 해야 한다. 핵심단어는 주로 의미가 연관성이 깊은 것들로 구성될 가능성이 높다.

유의사항

- 감독관과의 질의응답을 할 때
  - 솔직해야 한다. 감독관이 질문한 내용을 제대로 듣지 못했거나 이해가 되지 않은 경우, 반드시 [질문을 잘 이해하지 못했습니다. 다시 한 번 말씀해 주시겠어요 ? (Je n'ai pas bien compris votre question. Vous pouvez répéter, s'il vous plaît? 라고 하여, 감독관의 질문 의도가 무엇인지를 정확히 아는 것이 중요하다. 질문의 내용을 제대로 이해하지 못했다는 것을 감추기 위해 질문의 내용도 잘 모르는 채 질문에 답변한다는 것은 오히려 엉뚱한 답변을 초래하는 우를 범할 수가 있다.

  - 시선을 중시하라. 누군가와 대화를 할 때 상대방의 눈을 보지 않고 말을 하는 경우, 상대방에 대한 실례가 되고, 따라서 상대방의 기분을 상하게 하는 수가 있다. 응시자가 말한 내용과 관계되는 질문이 어휘나 문법 또는 적절한 표현을 사용했는지를 판단하는 언어학적 기준을 알아보려는 것 뿐 아니라, 대화하는 법과 같은 언어 외적인 측면 역시 질의응답 시 점수에 영향을 미칠 수 있는 중요한 요소라는 점을 잊지 말아야한다.

■ Echange d'informations ■

1. 컴퓨터 (un ordinateur)

질문 : Qu'est-ce que c'est?

un ordinateur

le candidat

C'est un ordinateur. C'est une machine indispensable pour les étudiants. On utilise ça pour obtenir beaucoup d'informations par l'internet. D'ailleurs, on peut faire beaucoup de jeux avec d'autres personnes à distance. Ou bien on envoie un e-mail par cette machine.

이것은 학생들에게 있어서 필수불가결한 기계이다. 우린 인터넷을 통해 많은 정보를 얻기 위해 이것을 사용한다. 게다가, 먼 거리에 있는 다른 사람들과 많은 게임을 할 수 있다. 또는 이 기계를 통해 이메일을 보낸다.

2. 가족

질문 : Qui est-ce?

le cousin	le grand-père	le neveu	la tante

le candidat

1) C'est le fils de mon oncle. [삼촌의 아들이다]
2) C'est le père de mon père. [아버지의 아버지다]
3) C'est le fils de mon frère ou ma sœur. [형 또는 누나의 아들이다]
4) C'est la sœur de mon père ou ma mère. [아버지나 어머니의 여동생이다]

3. 기차와 비행기

질문 : Qu'est-ce que c'est?

le métro	l'avion

le candidat

1) C'est un transport en commun que beaucoup de gens utilisent en ville surtout le matin. C'est très pratique pour arriver à l'heure à un rendez-vous.
   [이것은 대중 교통수단이며 많은 사람들이 특히 아침에 시내에서 이것을 이용한다. 약속에 제 시간에 도착하기 위해 아주 편리하다]
2) Il est le plus rapide de tous les transports. Il vole et ça coûte cher. On le prend à l'aéroport.
   [이것은 모든 교통수단 중에서 가장 빠르다. 하늘을 날며 매우 비싸다. 공항에서 이것을 탄다]

4. 축구

질문 : Qu'est-ce que c'est?

le football

le candidat

C'est un sport très connu. On y joue avec une équipe de 11 joueurs et Zidane est l'un des joueurs les plus célèbres dans ce sport.

[이것은 아주 잘 알려진 운동이다. 한 팀은 11명의 선수로 구성되어 있으며 지단은 이 운동에서 가장 잘 알려진 선수들 중에 하나다]

필요 어휘모음

1) 학업에 관계되는 어휘들

une école [학교]	une table [책상]	une chaise [의자]	un cahier [공책]
un sac [가방]	un professeur [선생]	un étudiant [학생]	un stylo [만년필]

2) 후식에 관계되는 어휘들

아이스크림	케익	치즈	커피
glace	gâteau	fromage	café

3) 장소에 관계되는 어휘들

도서관	식당	우체국	교실	미술관
la bibliothèque	le restaurant	la poste	la classe	le musée

4) 가족에 관계되는 어휘들

남성	여성	남성	여성
grand-père [할아버지]	grand-mère [할머니]	père [아버지]	mère [어머니]
frère [형제]	sœur [누이]	mari [남편]	femme [부인]
garçon, fils [아들]	fille [딸]	oncle [삼촌]	tante [숙모]
cousin [사촌]	famille [가족]	maman [엄마]	복수: parents [부모님]

5) 교통에 관계되는 어휘들

aéroport [공항]	arrêt [정류장]	avion [비행기]	billet [표]
bus [버스]	chemin [길]	départ [출발]	gare [기차역]
métro [지하철]	route [길]	station [지하철역]	taxi [택시]
train [기차]	voyage [여행]	vitesse [속력]	

6) 집과 관련된 어휘들

adresse [주소]	appartement [아파트]	bain [욕조]	chambre [방]
cuisine [부엌]	douche [샤워]	fenêtre [창문]	maison [집]
jardin [정원]	pièce [방]	salon [거실]	table [식탁]

7) le cinéma 와 관련된 어휘들

l'acteur [배우]	le billet [표]	le film [영화]
le cinéma [영화관]	la place [좌석]	la salle [상영관]

QUATRIÈME PARTIE : Exercice 3 유형

역할을 통한 실제 대화상황 전개

네 번째 단계의 구술평가 중 응시자와 감독관이 역할을 분담하여 주어진 상황에 얼마나 정확한 표현을 구사하는지를 평가하는 것으로 다음과 같이 문제의 유형을 구분할 수 있다.

1. 식당에서 손님과 점원
2. 상점에서 손님과 점원
3. 시장에서 손님과 상인

질문내용

- 상점 또는 가게에서 실제 손님과 점원의 입장에서 실제상황을 재현한다.
  여기에서 핵심사항은 다음 두 가지이다.

  1) 실제 돈을 주고 난 후 계산을 정확히 할 수 있는 능력 평가
  2) 상점이나 식당에서 손님으로 갖추어야 할 기본 예의를 지니고 있는가를 평가

옷가게	사려는 물품 찾기
	치수
	가격
	지불방법 (수표, 현금)
카페	음료수 주문하기
식당	음식의 종류를 정하고 주문하기

1. 식당에서 손님과 점원

예 제

■ Dialogue simulé

Dans un restaurant

rôle	le (la) serveur(euse)	l'examinateur (l'examinatrice)
	le (la) client(e)	le (la) candidat(e)

Le client : Monsieur!
Le serveur : J'arrive!
Le client : Je voudrais la carte, s'il vous plaît!
Le serveur : Voilà, monsieur.
Le client : Quel est le plat du jour?
Le serveur : Des moules avec des frites.
Le client : Très bien, je prends le plat du jour.
.....
Le client : Je voudrais l'addition, s'il vous plaît!
Le seveur : Vous ne prenez pas de café ou de thé?
Le client : Non, merci.
.....
Le serveur : Voilà l'addition.
Le client : 50 euros! 50 euros pour des moules et des frites froides, c'est cher. Je peux payer par carte?
Le serveur : Bien sûr, monsieur.

해석 및 풀이

본문내용

Dans un restaurant (식당에서)

rôle [역할]	le (la) serveur(euse) [종업원]	l'examinateur (l'examinatrice) [시험관]
	le (la) client(e) [손님]	le (la) candidat(e) [후보자]

Le client	: Monsieur! 여기요!
Le serveur	: J'arrive! 갑니다!
Le client	: Je voudrais la carte, s'il vous plaît! 메뉴판을 주세요!
Le serveur	: Voilà, monsieur. 여기 있습니다.
Le client	: Quel est le plat du jour? 오늘의 요리는 뭐죠?
Le serveur	: Des moules avec des frites. 감자가 곁들인 홍합요리입니다.
Le client	: Très bien, je prends le plat du jour. 좋아요, 오늘의 요리로 하죠.
.....	
Le client	: Je voudrais l'addition, s'il vous plaît! 계산서를 갖다 주세요!
Le seveur	: Vous ne prenez pas de café ou de thé? 커피나 차를 드시지 않겠어요?
Le client	: Non, merci. 아니오, 됐습니다.
.....	
Le serveur	: Voilà l'addition. 계산서 여기 있습니다.
Le client	: 50 euros! 50 euros pour des moules et des frites froides, c'est cher. Je peux payer par carte? 50유로! 홍합하고 찬 감자튀김이 50유로라니 비싸군요. 카드로 계산해도 되죠?
Le serveur	: Bien sûr, monsieur. 물론입니다, 손님.

1) 명사의 여성형

<table>
<tr><td rowspan="2">-eur</td><td>-euse</td><td>vendeur → vendeuse [판매인]</td></tr>
<tr><td>-rice</td><td>acteur → actrice [배우]</td></tr>
</table>

2) 조건법

je	-rais	nous	-rions
tu	-rais	vous	-riez
il, elle	-rait	ils, elles	-raient

▸ 부탁이나 겸손한 표현 : Je voudrais du pain, s'il vous plaît!

3) 부정의 de

▸ (주어 + 타동사 + 부분관사 + 명사) → (주어 + ne + 타동사 + de + 명사)

Je prends de l'eau → Je ne prends pas d'eau.

4) la carte

명함 [carte de visite]	지도	메뉴 [carte de restaurant]

5) le plat

[요리]	plat du jour [오늘의 특별요리]

2. 상점에서 손님과 점원

예 제

■ Dialogue simulé

Dans un magasin

rôle	le (la) vendeur (euse)	l'examinateur (l'examinatrice)
	la cliente	le (la) candidat(e)

La vendeuse : Bonjour, madame. Je peux vous aider?
La cliente : Hier, j'ai acheté cette veste, mais elle est trop grande.
J'aimerais en essayer une plus petite.
La vendeuse : Aucun problème, madame. Quelle est votre taille?
La cliente : Je fais du 42.
La vendeuse : Voilà un 42. La cabine est à droite.
.....
La cliente : Alors, qu'est-ce que vous en pensez?
La vendeuse : Elle vous va très bien.
La cliente : C'est ma taille, mais la couleur ne me plaît pas.
La vendeuse : Essayez la jaune.
La cliente : Elle coûte combien?
L vendeuse : 200 euros.

해석 및 풀이

본문내용

Dans un magasin (상점에서)

rôle	le (la) vendeur (euse) [판매원]	l'examinateur (l'examinatrice)
	la cliente	le (la) candidat(e)

La vendeuse	: Bonjour, madame. Je peux vous aider? 안녕하세요, 부인. 도와드릴까요?
La cliente	: Hier, j'ai acheté cette veste, mais elle est trop grande. J'aimerais en essayer une plus petite. 어제, 이 웃옷을 샀는데 너무 커요. 조금 작은 것으로 하고 싶은데요.
La vendeuse	: Aucun problème, madame. Quelle est votre taille? 문제 없습니다. 치수가 어떻게 되시죠?
La cliente	: Je fais du 42. 42를 입어요.
La vendeuse	: Voilà un 42. La cabine est à droite. 여기 42 가 있어요. 옷 갈아 입는 곳은 오른쪽입니다.
.....	
La cliente	: Alors, qu'est-ce que vous en pensez? 자, 어떻게 생각하세요?
La vendeuse	: Elle vous va très bien. 당신에게 아주 잘 맞는데요.
La cliente	: C'est ma taille, mais la couleur ne me plaît pas. 치수는 맞는데 색깔이 마음에 들지 않아요.
La vendeuse	: Essayez la jaune. 노란 색으로 입어보세요.
La cliente	: Elle coûte combien? 가격이 얼마죠?
La vendeuse	: 200 euros. 200 유로입니다.

1) essayer

j'	essaie	nous	essayons
tu	essaies	vous	essayez
il, elle	essaie	ils, elles	essaient
[시험해보다, 입어보다]		essayer un chapeau [모자를 써보다]	
[de + 동사원형 : ~하려 애쓰다]		Elle essaie de dormir. [잠자려고 애쓴다]	

2) 의류에 관계되는 어휘들

une robe [치마]	une veste [웃옷]	un pantalon [바지]
un chapeau [모자]	une cravate [넥타이]	une chemise [셔츠]

3) aucun

▸ne 와 함께 쓰여 [전혀 ~아니다]

Je n'ai aucune confiance en lui. [나는 전혀 그를 신뢰하지 않는다]

4) 의견을 묻는 표현

Comment trouvez-vous ça?	Je pense que + 절
Qu'est-ce que vous en pensez?	Ça vous va bien.
Quel est votre avis?	Moi, j'aime bien ça.

3. 시장에서 손님과 상인

예 제

■ Dialogue simulé

Au marché

rôle	le (la) vendeur (euse)	l'examinateur (l'examinatrice)
	la cliente	le (la) candidat(e)

le vendeur : Bonjour, madame. Je peux vous aider?
la cliente : Oui. Je voudrais un kilo de tomates.
le vendeur : Tenez!
la cliente : Et les pommes, elles sont à combien?
le vendeur : 12 euros le kilo.
la cliente : Comment? mais c'est trop cher!
le vendeur : Mais, elles sont délicieuses!
la cliente : Vous pouvez me faire un prix?
le vendeur : Je suis désolé, mais c'est un prix juste.
Vous ne voulez pas ces pêches?
la cliente : Elles sont bonnes? Je peux goûter?
le vendeur : Bien sûr.
la cliente : C'est combien?
le vendeur :10 euros le kilo.
la cliente : Donc, ça fait 22 euros, c'est ça?
le vendeur : Oui, madame.
la cliente : Voilà 30 euros.
le vendeur : Et 8 euros pour vous madame.

해석 및 풀이

본문내용

le vendeur	: Bonjour, madame. Je peux vous aider? 안녕하세요 부인. 무엇을 도와드릴까요?
la cliente	: Oui. Je voudrais un kilo de tomates. 토마토 1킬로 주세요.
le vendeur	: Tenez! 여기 있습니다.
la cliente	: Et les pommes, elles sont à combien? 사과는 얼마죠?
le vendeur	: 12 euros le kilo. 킬로에 12유로입니다.
la cliente	: Comment? mais c'est trop cher! 뭐라구요? 너무 비싸네요!
le vendeur	: Mais, elles sont délicieuses! 그렇지만 아주 맛있어요!
la cliente	: Vous pouvez me faire un prix? 좀 깎아 주실 수 있어요?
le vendeur	: Je suis désolé, mais c'est un prix juste. 죄송하지만 적당한 가격이에요. Vous ne voulez pas ces pêches? 복숭아는 원치 않으세요?
la cliente	: Elles sont bonnes? Je peux goûter? 맛있어요? 맛 좀 봐도 될까요?
le vendeur	: Bien sûr. 물론이죠.
la cliente	: C'est combien? 얼마죠.
le vendeur	: 10 euros le kilo. 킬로 당 10유로입니다.
la cliente	: Donc, ça fait 22 euros, c'est ça? 그러면 전부 22유로군요.
le vendeur	: Oui, madame. 예.
la cliente	: Voilà 30 euros. 여기 30유로에요.
le vendeur	: Et 8 euros pour vous madame. 8유로 여기 있습니다.

1) petit(e)

[조그마한]	Ce garçon est trop petit. [이 소년은 키가 너무 작다]
[귀여운, 사랑스러운]	ma petite fille [나의 사랑스런 딸]

2) 형용사의 여성형

-x → -se	ambitieux → ambitieuse [야망의] curieux → curieuse [호기심]

3) 정관사의 용법

보통 명사앞	J'aime la musique. [나는 음악을 좋아한다] Les hommes sont mortels. [사람은 죽기 마련이다]
소유의 개념 : 신체의 일부	Il s'est cassé la jambe. [그는 다리가 부러졌다]
지시적 용법	Fermez la porte! [문을 닫으세요!]
배분적 용법	deux euros la pièce [한 개당 2 유로]

4) 유감과 거절의 표현

Je regrette,	mais	je ne peux pas.
Je voudrais bien,		
Je suis navré(e)		
Je suis désolée(e)		

5) juste

[올바른]	présenter de justes revendications [정당한 요구를 하다]
[공평한]	Ce n'est pas juste. [그것은 공평하지 않아]

6) goûter

[맛보다]	Je peux goûter ce gâteau? [이 케익 맛을 봐도 될까요?]

저자 정일영

인하대 불어불문학과 졸업
프랑스 파리 8대학 대학원 졸업
프랑스 파리 8대학 박사준비과정 수료
언어학 박사학위 취득

현재 인하대학교 출강, 수원 경희대학교 출강
EBS 수능 프랑스어 강의

저서 프랑스어 문법(공저)
프랑스어 말소리 갈(공저)
프랑스어능력시험(DELF) A1, A2, A1-Junior, A2-Junior, B1, B2
프랑스어문법사전, 기초 프랑스어
프랑스 문화의 이해, 유럽연합의 이해, 언어의 이해
생활속의 프랑스어 회화, 홀로서기 프랑스어 회화
디지털로 배우는 프랑스어 회화(Rendez-vous avec le français)
대학 프랑스어 회화
샹송으로 배우는 프랑스어
프랑스어 듣고 이해하기, 프랑스어듣기
오르세 미술관, 루브르 박물관, 오디세이 신화

LE NOUVEAU DELF A1

1판 1쇄 찍음 • 2006년 6월 2일
1판 3쇄 펴냄 • 2011년 4월 10일

저 자 • 정 일 영
발행인 • 정 현 걸
발 행 • 신 아 사
인 쇄 • 남양인쇄

출판등록 • 1956년 1월 5일 (제9-52호)
서울특별시 은평구 녹번동 28-36 2F
전화 (02)382-6411 • 팩스 (02)382-6401
홈페이지 • www.shinasa.co.kr
E-mail • shinasa@chol.com

ISBN 978-89-8396-534-9(93760)

정가 15,000원(CD포함)